SE 07

# Curso
# MAD360

*La diferencia entre aprobar y sacar plaza*

# Auxiliar Administrativo/a

## AYUNTAMIENTO DE PARLA

Si aún no dispones de tu **Curso MAD360**, te ofrecemos un acceso GRATIS de 30 días para que disfrutes de los siguientes recursos:

AF173905

- Técnicas de Memoria 360.
- MADTEST: Test *online* Nivel PRO.
- Temario en formato digital.
- Vídeos y esquemas.
- Planificación de estudio.
- Foro entre opositores hasta la fecha del examen.*
- Recursos y novedades exclusivas.
- Consúltanos sobre tu oposición y proceso selectivo.
- Actualizaciones legislativas (Boletines Oficiales) hasta 60 días antes de la fecha del examen.*

Para acceder a esta prueba del Curso MAD360** será necesaria la compra de todos los libros para esta especialidad de la edición 2025.

Regístrate en **mad.es/iniciar-sesion** y en la pestaña MIS CURSOS valida los códigos que encuentras en la última página de tus libros.

---

**NOTA IMPORTANTE:**

\* Examen de esta categoría profesional correspondiente a la convocatoria publicada en el BOE n.º 198, de 18 de agosto de 2025, o hasta el 31 de octubre de 2026, lo que se cumpla antes, y previa renovación del servicio.

\*\* El acceso al CURSO MAD360 estará disponible desde octubre de 2025 (algunos recursos podrían estar disponibles en fecha posterior). Tendrá una duración de 30 días RENOVABLES mediante pago, desde la validación de códigos, o hasta el 30 de abril de 2027, lo que se cumpla antes.

MAD se reserva el derecho a ampliar dichas fechas.

# Auxiliar Administrativo/a del Ayuntamiento de Parla

Octubre 2025

# Auxiliar Administrativo/a del Ayuntamiento de Parla

## Test del temario

**LIDIA PONCE MARTÍNEZ**
Licenciada en Psicología

**ELENA GARCÍA FERNÁNDEZ**
Licenciada en Derecho

**RAFAEL MUÑOZ COLLADO**
Técnico de Administración General

© 7 Editores Recursos para la Cualificación Profesional y el Empleo, S.L. (7 Editores)
© Los autores
Primera edición, octubre 2025 (126 páginas)
Derechos de edición reservados a favor de 7 Editores
IMPRESO EN ESPAÑA
Diseño Portada: 7 Editores
Edita: 7 Editores
Avda. San Francisco Javier, 9 · Edificio Sevilla 2 · Planta 11 · Módulos 25-27 · 41018 Sevilla
Teléfono: 954 784 411 · WEB: www.mad.es · e-mail: administracion@7editores.com
ISBN: 979-13-702-8105-2

# Índice

# TEST N.º 1

## La Constitución Española de 1978. Principios generales. Estructura y contenido. Derechos y Deberes fundamentales. Su garantía y suspensión

**1. El artículo 10 de la Constitución Española contempla:**

a) Que la dignidad de la persona es fundamento del orden político y de la paz social.
b) El primero de los derechos fundamentales contenidos en la misma.
c) La prohibición de lesión a la persona física.
d) La interpretación de la Declaración Universal de Derechos Humanos conforme a la Constitución Española.

**2. ¿Cuál de los siguientes no se especifica en el artículo 10.1 como fundamento del orden político y la paz social?**

a) La dignidad de la persona.
b) Los derechos inviolables de la persona.
c) La seguridad jurídica.
d) El libre desarrollo de la personalidad.

**3. En relación con la dignidad de la persona:**

a) En realidad, la Constitución solamente la reconoce a la persona en tanto que ciudadana.
b) Puede verse alterada, jurídicamente hablando, atendiendo a la situación en que la persona se encuentre.
c) No admite grados.
d) Es renunciable y disponible.

**4. El artículo 10 de la Constitución Española:**

a) No reconoce el valor de los Tratados Internacionales, dándole el máximo y único valor a la Constitución.
b) Dispone que los tratados y acuerdos ratificados por España sirven de parámetro interpretativo de los derechos y libertades establecidos en la Constitución.

c) Reconoce únicamente validez, en relación con los derechos humanos, a la Declaración Universal de Derechos Humanos.

d) Establece que los Tratados Internacionales ratificados por España se situarán en una posición superior en la jerarquía normativa respecto de la Constitución.

### 5. De la Constitución se desprende que:

a) Los derechos y libertades establecidos en Tratados internacionales no tienen valor.

b) Los derechos y libertades establecidos en Tratados internacionales tienen rango constitucional.

c) Los derechos y libertades establecidos en Tratados internacionales tienen rango constitucional únicamente en la medida en que también estén reconocidos en la Constitución Española.

d) Los derechos reconocidos en Tratados internacionales tienen eficacia directa, por este hecho, en los tribunales españoles, aunque no hayan estado ratificados por el Estado español.

### 6. En relación con la nacionalidad española:

a) La Constitución establece que solamente se puede adquirir por nacimiento.

b) Se adquiere únicamente por nacimiento, no obstante, un extranjero puede optar a la residencia.

c) Se puede adquirir.

d) Nunca se puede perder.

### 7. En base a la Constitución Española:

a) Un español nunca puede perder su nacionalidad.

b) Ningún español de origen podrá ser privado de su nacionalidad.

c) La nacionalidad siempre se conserva.

d) No se admite la doble nacionalidad de un español.

### 8. En relación con la doble nacionalidad:

a) La Constitución Española no la permite.

b) El Estado puede concertar tratados de doble nacionalidad con los países iberoamericanos o con aquellos que hayan tenido o tengan una particular vinculación con España.

c) Solamente se puede reconocer en relación con la nacionalidad de otros países europeos.

d) Solamente se puede reconocer en relación con antiguos países que formaban parte de la Corona española.

### 9. ¿Cuál de las siguientes afirmaciones es falsa?

a) No es la primera vez que una Constitución Española regula aspectos relacionados con la nacionalidad.

b) La Constitución Española no es la única a nivel mundial que contiene regulación respecto de la nacionalidad de los ciudadanos del Estado.

c) En la Constitución se desarrollan las formas de adquisición, conservación y pérdida de la nacionalidad española, dada su importancia.

d) La nacionalidad es una cualidad jurídica de la persona.

### 10. En base al artículo 12 de la Constitución Española:

a) Los españoles se pueden emancipar a los dieciocho años.

b) Los españoles se pueden emancipar a los dieciséis años.

c) Los españoles son mayores de edad a los dieciocho años.

d) Los españoles son mayores de edad a los veintiún años.

### 11. Indica la respuesta incorrecta:

a) Que la Constitución establezca cuál es la edad de obtención de la mayoría de edad no implica que, por causa justificada, la ley pueda establecer otras edades para ejercer algunos derechos y obligaciones.

b) Que la Constitución establezca cuál es la edad de obtención de la mayoría de edad no implica la imposibilidad de emanciparse.

c) La Constitución equipara la minoría de edad con la incapacidad.

d) La Constitución vincula, en términos generales, la mayoría de edad a la adquisición de la plena capacidad de obrar.

### 12. No ser mayor de edad implica:

a) Que no puedes votar en las elecciones.

b) Que no puedes contraer matrimonio.

c) Que no puedes trabajar.

d) Que no puedes celebrar ningún tipo de contrato.

### 13. Atendiendo a lo dispuesto en el artículo 13 de la Constitución:

a) En todo caso, solamente los españoles están legitimados para participar en asuntos públicos.

b) Los extranjeros gozarán es España de los derechos fundamentales, pero no de las libertades públicas establecidas en la Constitución.

c) Los españoles son titulares del derecho de participación en los asuntos públicos, lo que puede extenderse, vía tratado o ley, a otros sujetos para el derecho de sufragio activo y pasivo en las elecciones municipales, siempre atendiendo a criterios de reciprocidad.

d) Solamente los españoles mayores de edad y con determinado nivel cultural pueden participar en asuntos públicos.

### 14. En relación con el derecho de asilo:

a) No se puede conceder a los refugiados, en ningún caso.

b) Por ley orgánica se establecerán los términos en que los ciudadanos de otros países podrán gozar de este derecho en España.

c) Por ley se establecerán los términos en que los ciudadanos de otros países y los apátridas podrán gozar de este derecho en España.

d) Por reglamento se establecerán los términos en que los apátridas podrán gozar de este derecho en España.

**15. Indica la respuesta correcta en relación con la extradición:**

a) La extradición solo se concederá en cumplimiento de un tratado o de la ley, atendido al principio de reciprocidad.

b) La extradición solo se concederá en cumplimiento de un tratado o de la ley, sin requerirse la reciprocidad.

c) También se puede conceder la extradición por delitos políticos.

d) No se puede extraditar por actos de terrorismo.

En MADTEST tienes **más preguntas de este tema**, y todos tus avances quedan registrados y se reflejan en el ranking.

**¡Supera tus límites con MADTEST!**

# Solución al test n.º 1

**1.** a) Que la dignidad de la persona es fundamento del orden político y de la paz social.

**2.** c) La seguridad jurídica.

**3.** c) No admite grados.

**4.** b) Dispone que los tratados y acuerdos ratificados por España sirven de parámetro interpretativo de los derechos y libertades establecidos en la Constitución.

**5.** c) Los derechos y libertades establecidos en Tratados internacionales tienen rango constitucional únicamente en la medida en que también estén reconocidos en la Constitución Española.

**6.** c) Se puede adquirir.

**7.** b) Ningún español de origen podrá ser privado de su nacionalidad.

**8.** b) El Estado puede concertar tratados de doble nacionalidad con los países iberoamericanos o con aquellos que hayan tenido o tengan una particular vinculación con España.

**9.** c) En la Constitución se desarrollan las formas de adquisición, conservación y pérdida de la nacionalidad española, dada su importancia.

**10.** c) Los españoles son mayores de edad a los dieciocho años.

**11.** c) La Constitución equipara la minoría de edad con la incapacidad.

**12.** a) Que no puedes votar en las elecciones.

**13.** c) Los españoles son titulares del derecho de participación en los asuntos públicos, lo que puede extenderse, vía tratado o ley, a otros sujetos para el derecho de sufragio activo y pasivo en las elecciones municipales, siempre atendiendo a criterios de reciprocidad.

**14.** c) Por ley se establecerán los términos en que los ciudadanos de otros países y los apátridas podrán gozar de este derecho en España.

**15.** a) La extradición solo se concederá en cumplimiento de un tratado o de la ley, atendido al principio de reciprocidad.

**La Organización territorial del Estado en la Constitución. Principios generales. La Administración Local. Las Comunidades Autónomas: los Estatutos de Autonomía. Estatuto Autonomía Comunidad de Madrid**

**1. El Estado se organiza territorialmente en:**

a) Municipios, comarcas y en las provincias que se constituyan.
b) Distritos, cabildos, comarcas, provincias y en las Comunidades Autónomas que se constituyan.
c) Municipios, provincias y en las Comunidades Autónomas que se constituyan.
d) Ciudades, provincias, comarcas y Comunidades Autónomas.

**2. El Estado, velando por el establecimiento de un equilibrio económico, adecuado y justo, entre las diversas partes del territorio español, y atendiendo en particular a las circunstancias del hecho insular, garantiza la realización efectiva del principio de:**

a) Igualdad.
b) Legalidad.
c) Solidaridad.
d) Justicia universal.

**3. La Constitución garantiza expresamente en su artículo 140 la autonomía de:**

a) Los municipios.
b) Las regiones.
c) Las comarcas.
d) Los territorios.

**4. A tenor de la Constitución Española de 1978, ¿a quién corresponde el gobierno y administración de los municipios?**

a) A sus respectivos Ayuntamientos, integrados por los Alcaldes y los Concejales.
b) A sus respectivos Ayuntamientos, integrados por los Alcaldes, Juntas de Gobierno Local y Concejales.

c) A sus Ayuntamientos, Concejales y vecinos.
d) A sus respectivos Alcaldes, Concejales y vecinos.

**5. ¿Cómo serán elegidos los Concejales según dispone la Constitución Española?**

a) Por el Alcalde o por los vecinos en la forma establecida en la ley.
b) Directamente por el Alcalde del municipio en la forma establecida en la ley.
c) Por los vecinos del municipio en la forma establecida por la ley.
d) Por el Alcalde con el respaldo de los vecinos.

**6. ¿Cómo dispone la Constitución Española que serán elegidos los Alcaldes?**

a) Siempre por los Concejales.
b) Únicamente por los vecinos mediante un sufragio universal, igual, libre, directo y secreto.
c) Por los Concejales o por los vecinos.
d) Por los Concejales mediante Acuerdo expreso.

**7. La Constitución Española señala que cualquier alteración de los límites provinciales:**

a) Habrá de ser aprobada por las Cortes Generales mediante ley orgánica.
b)  Habrá de ser aprobada por el Congreso por mayoría absoluta.
c) Habrá de ser aprobada por el Gobierno en el plazo de 30 días desde la presentación de la propuesta.
d) Habrá de ser aprobada por el Congreso de los Diputados mediante ley orgánica.

**8. El artículo 142 CE establece que las Haciendas Locales deberán disponer de los medios suficientes para el desempeño de las funciones que la ley atribuye a las Corporaciones respectivas y se nutrirán fundamentalmente de:**

a) Tributos propios y de participación en los de las Comunidades Autónomas.
b) La participación en los tributos del Estado y de las Comunidades Autónomas.
c) Tributos propios y de participación en los del Estado y de las Comunidades Autónomas.
d) Tributos propios y de participación en los del Estado, de las Comunidades Autónomas y de las Diputaciones Provinciales.

**9. ¿A quién corresponde la iniciativa del proceso autonómico según dispone la Constitución Española en el artículo 143.2?**

a) Al órgano interinsular correspondiente.
b) A las Diputaciones interesadas cuando lo soliciten expresamente las dos terceras partes de sus miembros.
c) A las tres quintas partes de los municipios cuya población represente, al menos, la mayoría del censo electoral de cada provincia o isla.
d) A las tres cuartas partes de los municipios cuya población represente, al menos, la mayoría del censo electoral de cada provincia o isla y a todas las Diputaciones interesadas.

**10. ¿En qué plazo deberán ser cumplidos los requisitos de iniciativa del proceso autonómico según lo dispuesto en el artículo 143.2 CE?**

a) En el plazo de nueve meses desde el primer acuerdo adoptado al respecto por alguna de las Corporaciones locales interesadas.
b) En el plazo de seis meses desde el primer acuerdo adoptado al respecto por alguna de las Corporaciones locales interesadas.
c) En el plazo de tres meses desde el primer acuerdo adoptado al respecto por alguna de las Corporaciones locales interesadas.
d) En el plazo de tres meses desde el último acuerdo adoptado al respecto por alguna de las Corporaciones locales interesadas.

**11. ¿En qué caso contempla la Carta Magna, en el Título VIII, Capítulo III, que será posible la federación de Comunidades Autónomas?**

a) Cuando así se apruebe por la mayoría absoluta de ambas Cámaras.
b) Cuando se apruebe por mayoría de las Cortes Generales y sea aprobado en referéndum.
c) Cuando cuente con la aprobación del Congreso de los Diputados y sea ratificado en referéndum.
d) En ningún caso.

**12. ¿Quiénes elaborarán, según dispone la Constitución Española, el proyecto de Estatuto de Autonomía?**

a) Una asamblea compuesta por los miembros de la Diputación u órgano interinsular de las provincias afectadas.
b) Una asamblea compuesta por los miembros de la Diputación u órgano interinsular de las provincias afectadas y por los Diputados y Senadores elegidos en ellas.
c) Una asamblea compuesta por los Diputados y Senadores elegidos en ellas.
d) Una asamblea compuesta por los miembros de la Diputación de las provincias afectadas y por los Senadores elegidos en ellas.

**13. ¿A quién elevará la asamblea encargada de elaborar el proyecto de Estatuto de Autonomía el mismo para su tramitación como ley?**

a) Al Rey.
b) Al Presidente del Gobierno.
c) A las Cortes Generales.
d) Al Consejo de Ministros.

**14. Las competencias exclusivas del Estado se recogen en la Constitución en el artículo:**

a) 151.
b) 150.

c) 149.
d) 148.

**15. Señala cuál de las siguientes no es una de las competencias exclusivas del Estado:**

a) Defensa y Fuerzas Armadas.
b) Todo tipo de obras públicas de interés general.
c) Bases y coordinación de la planificación general de la actividad económica.
d) Hacienda general y Deuda del Estado.

En MADTEST tienes **más preguntas de este tema**, y todos tus avances quedan registrados y se reflejan en el ranking.

**¡Supera tus límites con MADTEST!**

# Solución al test n.º 2

**1.** c) Municipios, provincias y en las Comunidades Autónomas que se constituyan.

**2.** c) Solidaridad.

**3.** a) Los municipios.

**4.** a) A sus respectivos Ayuntamientos, integrados por los Alcaldes y los Concejales.

**5.** c) Por los vecinos del municipio en la forma establecida por la ley.

**6.** c) Por los Concejales o por los vecinos.

**7.** a) Habrá de ser aprobada por las Cortes Generales mediante ley orgánica.

**8.** c) Tributos propios y de participación en los del Estado y de las Comunidades Autónomas.

**9.** a) Al órgano interinsular correspondiente.

**10.** b) En el plazo de seis meses desde el primer acuerdo adoptado al respecto por alguna de las Corporaciones locales interesadas.

**11.** d) En ningún caso.

**12.** b) Una asamblea compuesta por los miembros de la Diputación u órgano interinsular de las provincias afectadas y por los Diputados y Senadores elegidos en ellas.

**13.** c) A las Cortes Generales.

**14.** c) 149.

**15.** b) Todo tipo de obras públicas de interés general.

# TEST N.º 3

**El municipio: concepto y elementos. El término municipal, la población y el empadronamiento. Organización municipal: órganos de gobierno del Ayuntamiento. Las competencias municipales: propias, compartidas y delegadas. Régimen de organización de los municipios de gran población**

**1. Entre las potestades y prerrogativas que tienen los municipios se encuentran:**

a) La tributaria y financiera.
b) De revisión de oficio de sus actos y acuerdos.
c) Expropiatoria.
d) Todas las respuestas son correctas.

**2. Los elementos del Municipio son:**

a) El territorio, la población y la financiación.
b) El territorio, las instituciones y la organización.
c) La organización, la autonomía y el territorio.
d) La población, la organización y el territorio.

**3. Según el Reglamento de Población y Demarcación Territorial de las Entidades Locales el término municipal es:**

a) El territorio en que el Ayuntamiento ejerce su jurisdicción.
b) El territorio en que el Ayuntamiento ejerce sus competencias.
c) El territorio en que el Ayuntamiento ejerce su política.
d) Las respuestas b) y c) son correctas.

**4. De acuerdo con lo dispuesto en la Ley de Bases de Régimen Local:**

a) La creación de nuevos municipios solo podrá realizarse sobre la base de núcleos de población territorialmente diferenciados, de al menos 25.000 habitantes.
b) La creación de nuevos municipios solo podrá realizarse sobre la base de núcleos de población territorialmente diferenciados, de al menos 4.000 habitantes.

c) La creación de nuevos municipios solo podrá realizarse sobre la base de núcleos de población territorialmente diferenciados, de al menos 3.000 habitantes.

d) La creación de nuevos municipios solo podrá realizarse sobre la base de núcleos de población territorialmente diferenciados, de al menos 250.000 habitantes.

**5. ¿La alteración de términos municipales podrá suponer la modificación de los límites provinciales?**

a) Solo en casos excepcionales.

b) En ningún caso.

c) Cuando concurran los requisitos establecidos en la ley.

d) Sí.

**6. En los casos de fusión de municipios:**

a) El nuevo municipio se subrogará en todos los derechos y obligaciones de los anteriores municipios.

b) El nuevo municipio resultante de la fusión no podrá segregarse hasta transcurridos cien años.

c) El órgano del gobierno del nuevo municipio resultante estará constituido transitoriamente por la suma de los concejales de los municipios fusionados.

d) Las respuestas a) y c) son correctas.

**7. Son derechos y deberes de los vecinos:**

a) Contribuir mediante la aportación de sus bienes inmuebles a la realización de las competencias municipales.

b) Exigir la prestación y, en su caso, el establecimiento del correspondiente servicio público, en el supuesto de constituir una competencia municipal propia aunque no sea de carácter obligatorio.

c) Acceder a los aprovechamientos comunales.

d) Ejercer la iniciativa individual en los términos previstos en el art. 70 bis de la Ley de Bases de Régimen Local.

**8. La inscripción de los extranjeros en el Padrón municipal:**

a) Constituirá prueba de su residencia legal en España.

b) Iniciará el expediente de adquisición de la nacionalidad española.

c) No les atribuirá ningún derecho que no les confiera la legislación vigente.

d) Permitirá obtener un permiso de trabajo.

**9. El padrón municipal es:**

a) La base de datos donde constan los nombres de los vecinos.

b) El registro administrativo donde solo constan los domicilios de los vecinos.

c) El registro administrativo donde constan los vecinos de un municipio.

d) El registro administrativo donde solo constan los domicilios de los extranjeros del municipio.

**10. La inscripción en el Padrón municipal contendrá como obligatorios los siguientes datos:**

a) Las matrículas de los vehículos de los vecinos.

b) El número de identificación de los aparatos tecnológicos existentes en cada casa.

c) Los ascendientes que habitan en cada casa.

d) Ninguna de las respuestas es correcta.

**11. Quien viva en varios Municipios:**

a) Deberá inscribirse únicamente en el Padrón municipal del municipio en el que habite durante más tiempo al año.

b) Deberá inscribirse únicamente en el Padrón municipal del municipio en el que tenga su lugar de trabajo.

c) Deberá inscribirse únicamente en el Padrón municipal del municipio en el que haya nacido.

d) Deberá inscribirse en el Padrón municipal de todos los municipios.

**12. ¿Existe Padrón de españoles residentes en el extranjero?**

a) Sí.

b) No.

c) Sí, y su formación se realizará por la Administración General del Estado.

d) Solo para aquellos que se encuentren en la Unión Europea.

**13. Funcionan en régimen de Concejo Abierto:**

a) Los municipios de menos de 200 habitantes.

b) Los municipios de menos de 300 habitantes.

c) Los municipios de menos de 500 habitantes.

d) Los municipios que tradicional y voluntariamente cuenten con ese singular régimen de gobierno y administración.

**14. La organización municipal responde a las siguientes reglas:**

a) El Alcalde, los Tenientes de Alcalde y el Pleno existen en todos los Ayuntamientos.

b) El Alcalde, la Junta de Gobierno y el Pleno existen en todos los Ayuntamientos.

c) El Alcalde y el Pleno existen en todos los Ayuntamientos.

d) El Alcalde y la Junta de Gobierno existen en todos los Ayuntamientos.

**15. La Comisión Especial de Cuentas:**

a) Existe en todos los municipios.
b) Existe en los municipios en que así se acuerde.
c) Existe en los municipios de más de 1000 habitantes.
d) Ninguna de las respuestas es correcta.

En MADTEST tienes **más preguntas de este tema**, y todos tus avances quedan registrados y se reflejan en el ranking.

**¡Supera tus límites con MADTEST!**

# Solución al test n.º 3

**1.** d) Todas las respuestas son correctas.

**2.** d) La población, la organización y el territorio.

**3.** b) El territorio en que el Ayuntamiento ejerce sus competencias.

**4.** b) La creación de nuevos municipios solo podrá realizarse sobre la base de núcleos de población territorialmente diferenciados, de al menos 4.000 habitantes.

**5.** b) En ningún caso.

**6.** d) Las respuestas a) y c) son correctas.

**7.** c) Acceder a los aprovechamientos comunales.

**8.** c) No les atribuirá ningún derecho que no les confiera la legislación vigente.

**9.** c) El registro administrativo donde constan los vecinos de un municipio.

**10.** d) Ninguna de las respuestas es correcta.

**11.** a) Deberá inscribirse únicamente en el Padrón municipal del municipio en el que habite durante más tiempo al año.

**12.** c) Sí, y su formación se realizará por la Administración General del Estado.

**13.** d) Los municipios que tradicional y voluntariamente cuenten con ese singular régimen de gobierno y administración.

**14.** a) El Alcalde, los Tenientes de Alcalde y el Pleno existen en todos los Ayuntamientos.

**15.** a) Existe en todos los municipios.

# TEST N.º 4

**La Ley 39/2015, de 1 de octubre, del Procedimiento Administrativo Común de las Administraciones Públicas (I): Disposiciones generales. Interesados en el procedimiento. Actividad en la Administración Pública. Actos administrativos**

**1. Señala la respuesta incorrecta. Según el artículo 35 de la Ley 39/2015, de 1 de octubre, de Procedimiento Administrativo Común de las Administraciones Públicas, serán motivados, con sucinta referencia de hechos y fundamentos de Derecho:**

a) Los actos que limiten derechos subjetivos o intereses legítimos.

b) Los actos que resuelvan procedimientos de revisión de oficio de disposiciones o actos administrativos, recursos administrativos, reclamaciones previas a la vía judicial y procedimientos de arbitraje.

c) Los actos que se separen del criterio seguido en actuaciones precedentes o del dictamen de órganos consultivos.

d) Los actos declarativos de derechos.

**2. De acuerdo con el artículo 39 de la Ley 39/2015, de 1 de octubre, de Procedimiento Administrativo Común de las Administraciones Públicas, con carácter general, los actos de las Administraciones Públicas sujetos al Derecho Administrativo se presumirán válidos y producirán efectos desde:**

a) La fecha en que se dicten, salvo que en ellos se disponga otra cosa.

b) Su notificación.

c) Su publicación.

d) La aprobación superior.

**3. En relación con las notificaciones en papel, de acuerdo con lo dispuesto en el artículo 42 de la Ley 39/2015, de 1 de octubre, de Procedimiento Administrativo Común de las Administraciones Públicas de los actos administrativos, señala la respuesta incorrecta:**

a) Se notificarán a los interesados las resoluciones y actos administrativos que afecten a sus derechos e intereses.

b) Toda notificación deberá ser cursada dentro del plazo de diez días a partir de la fecha en que el acto haya sido dictado.

c) En los procedimientos iniciados a solicitud del interesado, la notificación se practicará en el domicilio del interesado. Cuando ello no fuera posible, en cualquier lugar adecuado a tal fin.

d) Cuando la notificación se practique en el domicilio del interesado, de no hallarse presente este en el momento de entregarse la notificación podrá hacerse cargo de la misma cualquier persona mayor de 14 años que se encuentre en el domicilio y haga constar su identidad.

**4. Conforme al artículo 45 de la Ley 39/2015, de 1 de octubre, de Procedimiento Administrativo Común de las Administraciones Públicas, la publicación sustituirá a la notificación surtiendo sus mismos efectos en los siguientes casos:**

a) Cuando el acto tenga por destinatario a una persona jurídica.

b) Cuando la Administración estime que la notificación efectuada a un solo interesado es insuficiente para garantizar la notificación a todos, siendo, en este último caso, adicional a la notificación efectuada.

c) En los procedimientos iniciados a solicitud del interesado.

d) Cuando la notificación se practique en el domicilio del interesado.

**5. De acuerdo con el artículo 47 de la Ley 39/2015, de 1 de octubre, de Procedimiento Administrativo Común de las Administraciones Públicas, los actos de las Administraciones Públicas son nulos de pleno derecho en los casos siguientes:**

a) Los actos de la Administración que incurran en cualquier infracción del ordenamiento jurídico.

b) Los actos dictados por órgano manifiestamente incompetente por razón de la jerarquía.

c) Los actos que tengan un contenido imposible.

d) Los actos de la Administración que incurran en desviación de poder.

**6. Son anulables, de acuerdo con el artículo 48.1 de la Ley 39/2015, de 1 de octubre, de Procedimiento Administrativo Común de las Administraciones Públicas:**

a) Los actos de la Administración que incurran en cualquier infracción del ordenamiento jurídico, incluso la desviación de poder.

b) Los actos dictados prescindiendo total y absolutamente del procedimiento legalmente establecido o de las normas que contienen las reglas esenciales para la formación de la voluntad de los órganos colegiados.

c) Los actos expresos o presuntos contrarios al ordenamiento jurídico por los que se adquieren facultades o derechos cuando se carezca de los requisitos esenciales para su adquisición.

d) Los actos dictados por órgano manifiestamente incompetente por razón de la materia.

**7. Conforme con el artículo 48.2 de la Ley 39/2015, de 1 de octubre, de Procedimiento Administrativo Común de las Administraciones Públicas, el defecto de forma de los actos de las Administraciones Públicas solo determinará la anulabilidad:**

a) Siempre.

b) Nunca.

c) Cuando el acto carezca de los requisitos formales, dando lugar a la indefensión de los interesados.

d) Cuando el acto administrativo se notifique fuera de plazo, no siendo esencial el término o plazo.

**8. La Administración podrá convalidar los actos anulables, subsanando los vicios de que adolezcan. Si el vicio consistiera en incompetencia no determinante de nulidad, la convalidación podrá realizarse, de conformidad con el artículo 52.3 de la Ley 39/2015, de 1 de octubre, de Procedimiento Administrativo Común de las Administraciones Públicas, por:**

a) El órgano competente cuando sea inferior jerárquico del que dictó el acto viciado.
b) El órgano competente cuando sea superior jerárquico del que dictó el acto viciado.
c) El órgano competente por razón de la materia.
d) El órgano competente por razón del territorio.

**9. En relación con la forma de los actos administrativos, señala la respuesta incorrecta:**

a) Los actos administrativos se producirán por escrito a través de medios electrónicos, a menos que su naturaleza exija otra forma más adecuada de expresión y constancia.

b) En los casos en que los órganos administrativos ejerzan su competencia de forma verbal, la constancia escrita del acto, cuando sea necesaria, se efectuará y firmará por el titular del órgano superior, expresando en la comunicación del mismo la autoridad de la que procede.

c) Si se tratara de resoluciones, el titular de la competencia deberá autorizar una relación de las que haya dictado de forma verbal, con expresión de su contenido.

d) Cuando deba dictarse una serie de actos administrativos de la misma naturaleza, tales como nombramientos, concesiones o licencias, podrán refundirse en un único acto.

**10. Son actos anulables de acuerdo con el artículo 48 de la Ley 39/2015, de 1 de octubre, de Procedimiento Administrativo Común de las Administraciones Públicas:**

a) Los de contenido imposible.
b) Los que carezcan de los requisitos formales indispensables para alcanzar su fin.
c) Los dictados prescindiendo total y absolutamente de los procedimientos legalmente establecidos para ellos.
d) Los dictados prescindiendo total y absolutamente del procedimiento establecido por las normas que contienen las reglas esenciales para la formación de la voluntad de los órganos colegiados.

**11. De todas las resoluciones citadas a continuación, ¿cuáles de ellas no necesitarán ser motivadas?**

a) Las que sigan el criterio seguido en actuaciones precedentes.
b) Los acuerdos de suspensión de actos.
c) Las que se dicten en el ejercicio de potestades discrecionales.
d) Las que resuelvan los recursos.

**12. ¿En qué casos un defecto de forma determinará la anulabilidad del acto?**

a) Cuando carezcan de los requisitos formales indispensables para alcanzar su fin o dé lugar a indefensión.
b) Cuando sean insubsanables.
c) Solo en los casos en los que se dé lugar a indefensión.
d) Solo cuando carezcan de los requisitos formales indispensables.

**13. Señala la respuesta incorrecta. Cuando una Administración Pública tenga que dictar, en el ámbito de sus competencias, un acto que necesariamente tenga por base otro dictado por una Administración Pública distinta y aquella entienda que es ilegal:**

a) Podrá requerir a la otra Administración previamente para que anule o revise el acto de acuerdo con lo dispuesto en el artículo 44 de la Ley 29/1998, de 13 de julio, reguladora de la Jurisdicción Contencioso-Administrativa.
b) Realizado el requerimiento y al ser rechazado este, podrá interponer recurso contencioso-administrativo.
c) Realizado el requerimiento y al ser rechazado este, podrá interponer recurso de revisión.
d) En estos casos, quedará suspendido el procedimiento para dictar resolución.

**14. Las notificaciones administrativas por medios electrónicos requerirán para su validez:**

a) El señalamiento explícito de dicho medio de notificación en el momento de iniciación del procedimiento.
b) El establecimiento de este sistema por medio de una norma de rango legal.
c) El acceso a su contenido, momento a partir del cual la notificación se entenderá practicada a todos los efectos legales.
d) El establecimiento de este sistema por medio de una norma de rango reglamentario.

**15. Por regla general una notificación electrónica se entenderá rechazada con los efectos previstos en el artículo 43.2 de la Ley 39/2015, de 1 de octubre, del Procedimiento Administrativo Común de las Administraciones Públicas, cuando teniendo constancia de la puesta a disposición transcurran:**

a) Diez días hábiles sin que se acceda a su contenido.
b) Diez días naturales desde que se accedió al contenido sin existir respuesta.
c) Diez días naturales sin que se acceda al contenido.
d) Quince días hábiles desde que se accedió al contenido sin existir respuesta.

En MADTEST tienes **más preguntas de este tema**, y todos tus avances quedan registrados y se reflejan en el ranking.

**¡Supera tus límites con MADTEST!**

# Solución al test n.º 4

**1.** d) Los actos declarativos de derechos.

**2.** a) La fecha en que se dicten, salvo que en ellos se disponga otra cosa.

**3.** c) En los procedimientos iniciados a solicitud del interesado, la notificación se practicará en el domicilio del interesado. Cuando ello no fuera posible, en cualquier lugar adecuado a tal fin.

**4.** b) Cuando la Administración estime que la notificación efectuada a un solo interesado es insuficiente para garantizar la notificación a todos, siendo, en este último caso, adicional a la notificación efectuada.

**5.** c) Los actos que tengan un contenido imposible.

**6.** a) Los actos de la Administración que incurran en cualquier infracción del ordenamiento jurídico, incluso la desviación de poder.

**7.** c) Cuando el acto carezca de los requisitos formales, dando lugar a la indefensión de los interesados.

**8.** b) El órgano competente cuando sea superior jerárquico del que dictó el acto viciado.

**9.** b) En los casos en que los órganos administrativos ejerzan su competencia de forma verbal, la constancia escrita del acto, cuando sea necesaria, se efectuará y firmará por el titular del órgano superior, expresando en la comunicación del mismo la autoridad de la que procede.

**10.** b) Los que carezcan de los requisitos formales indispensables para alcanzar su fin.

**11.** a) Las que sigan el criterio seguido en actuaciones precedentes.

**12.** a) Cuando carezcan de los requisitos formales indispensables para alcanzar su fin o dé lugar a indefensión.

**13.** c) Realizado el requerimiento y al ser rechazado este, podrá interponer recurso de revisión.

**14.** c) El acceso a su contenido, momento a partir del cual la notificación se entenderá practicada a todos los efectos legales.

**15.** c) Diez días naturales sin que se acceda al contenido.

# TEST N.º 5

## La Ley 39/2015, de 1 de octubre, del Procedimiento Administrativo Común de las Administraciones Públicas (II): Iniciación, ordenación, Instrucción, Finalización y Ejecución del procedimiento

**1. Los que tuvieren la condición de interesados en un procedimiento administrativo, podrán conocer del estado de la tramitación del mismo:**

a) En el trámite de audiencia.
b) En el trámite de información pública.
c) En cualquier momento
d) Solo cuando lo permita el instructor del procedimiento.

**2. Las medidas provisionales adoptadas antes de la iniciación del procedimiento administrativo, deberán ser confirmadas, modificadas o levantadas en el acuerdo de iniciación del procedimiento, que deberá efectuarse:**

a) Dentro de los quince días siguientes a su adopción, pudiendo ser recurrido.
b) Dentro de los veinte días siguientes a su adopción, pudiendo de ser recurrido.
c) Dentro de los diez días siguientes a su adopción, sin posibilidad de ser recurrido.
d) Dentro de los veinte días siguientes a su adopción, sin posibilidad de ser recurrido.

**3. Cuando el acuerdo de iniciación del procedimiento no contenga un pronunciamiento expreso acerca de las medidas provisionales previas, dichas medidas:**

a) Se mantendrán, hasta la fase de alegaciones.
b) Se mantendrán, salvo que haya recurso pendiente.
c) Se prorrogaran por quince días.
d) Quedarán sin efecto.

**4. Los procedimientos de naturaleza sancionadora se iniciarán:**

a) De oficio o a instancia de parte.
b) Siempre a instancia de parte.
c) Siempre de oficio.
d) En virtud de denuncia.

**5. Si la solicitud de iniciación del procedimiento administrativo no reúne los requisitos recogidos en la Ley 39/2015 u otros exigidos por la legislación específica aplicable:**

a) Se inadmitirá la solicitud presentada por el interesado.

b) Se le dará un plazo de cinco días para que vuelva a presentar la solicitud correctamente.

c) Se le dará un plazo de veinte días para que subsane la falta o acompañe los documentos preceptivos.

d) Se le dará un plazo de diez días para que subsane la falta o acompañe los documentos preceptivos.

**6. ¿Suspenderá la tramitación del procedimiento las cuestiones incidentales que se susciten en el mismo?**

a) No.

b) Sí.

c) No, salvo las que se refieran a la nulidad de actuaciones.

d) No, incluso las relativas a la recusación no se suspenderán.

**7. Señala cuál de las siguientes no podrá adoptarse como medidas provisionales en un procedimiento administrativo:**

a) Embargo preventivo de bienes.

b) Inmovilización de cosa mueble.

c) Retirada o intervención de bienes productivos.

d) Suspensión definitiva de actividades.

**8. El interesado en el procedimiento administrativo tiene derecho:**

a) A formular alegaciones y a utilizar los medios de defensa admitidos por el Ordenamiento Jurídico en cualquier fase del procedimiento.

b) A formular alegaciones, a utilizar los medios de defensa admitidos por el Ordenamiento Jurídico, y a aportar documentos en cualquier fase del procedimiento anterior al trámite de audiencia.

c) A formular alegaciones y a utilizar los medios de defensa admitidos por el Ordenamiento Jurídico en cualquier fase del procedimiento, pero solo podrá aportar documentos con posterioridad al trámite de audiencia.

d) A formular alegaciones y a utilizar los medios de defensa admitidos por el Ordenamiento Jurídico en cualquier fase del procedimiento anterior al dictado de la resolución por la que se pone fin al procedimiento.

**9. Contra el acuerdo de acumulación de procedimientos:**

a) Cabe recurso de revisión.

b) Cabe recurso extraordinario de revisión.

c) No cabe recurso alguno.

d) Cabe recurso de alzada.

**10. Los procedimientos administrativos que no tengan naturaleza sancionadora se podrán iniciar:**

a) Por acuerdo del órgano competente o a petición razonada de otros órganos.
b) Por acuerdo del órgano competente, bien por propia iniciativa o como consecuencia de orden superior, a petición razonada de otros órganos o por denuncia.
c) Por denuncia solamente.
d) De oficio siempre.

**11. Cuando el procedimiento se iniciara por una denuncia en la que se invocara un perjuicio en el patrimonio de las Administraciones Públicas:**

a) La no iniciación del procedimiento deberá ser motivada y se notificará a los denunciantes la decisión de si se ha iniciado o no el procedimiento.
b) La iniciación del procedimiento deberá ser motivada y no se notificará a los denunciantes, si el instructor lo considera oportuno.
c) La no iniciación del procedimiento quedará a la decisión del instructor, sin necesidad de motivarla, salvo a petición del denunciante.
d) La no iniciación del procedimiento nunca deberá ser motivada.

**12. Los interesados podrán solicitar el inicio de un procedimiento de responsabilidad patrimonial:**

a) Siempre.
b) Dentro de los cuatro años siguientes a aquel en que se produjo el acto que motiva la indemnización.
c) Si así se dispone por sentencia.
d) Cuando no haya prescrito su derecho a reclamar.

**13. El plazo de subsanación de la solicitud de iniciación del procedimiento podrá ampliarse prudencialmente, cuando la aportación de los documentos requeridos presente dificultades especiales:**

a) Hasta cinco días.
b) Hasta diez días.
c) Hasta quince días.
d) Siempre por diez días más.

**14. En los procedimientos de naturaleza sancionadora, ¿cuál de los siguientes no es un derecho de los presuntos responsables?**

a) A ser notificado de la identidad del instructor.
b) A saber quién es la autoridad competente para imponer la sanción.
c) A ser informado de sus derechos procesales penales.
d) A ser notificado de los hechos que se le imputen.

**15. ¿Hay presunción de existencia de responsabilidad administrativa mientras no se demuestre lo contrario?**

a) Sí, salvo excepciones.
b) Nunca.
c) Solo en los procedimientos de naturaleza sancionadora.
d) Siempre.

En MADTEST tienes **más preguntas de este tema**, y todos tus avances quedan registrados y se reflejan en el ranking.

**¡Supera tus límites con MADTEST!**

# Solución al test n.º 5

**1.** c) En cualquier momento.

**2.** a) Dentro de los quince días siguientes a su adopción, pudiendo ser recurrido.

**3.** d) Quedarán sin efecto.

**4.** c) Siempre de oficio.

**5.** d) Se le dará un plazo de diez días para que subsane la falta o acompañe los documentos preceptivos.

**6.** a) No.

**7.** d) Suspensión definitiva de actividades.

**8.** b) A formular alegaciones, a utilizar los medios de defensa admitidos por el Ordenamiento Jurídico, y a aportar documentos en cualquier fase del procedimiento anterior al trámite de audiencia.

**9.** c) No cabe recurso alguno.

**10.** b) Por acuerdo del órgano competente, bien por propia iniciativa o como consecuencia de orden superior, a petición razonada de otros órganos o por denuncia.

**11.** a) La no iniciación del procedimiento deberá ser motivada y se notificará a los denunciantes la decisión de si se ha iniciado o no el procedimiento.

**12.** d) Cuando no haya prescrito su derecho a reclamar.

**13.** a) Hasta cinco días.

**14.** c) A ser informado de sus derechos procesales penales.

**15.** b) Nunca.

## La Ley 39/2015, de 1 de octubre, del Procedimiento Administrativo Común de las Administraciones Públicas (III): Los recursos administrativos. Conceptos y clases

**1. La revisión de las disposiciones dictadas por las Administraciones Públicas en vía administrativa supone:**

a) La anulabilidad de los actos y disposiciones siempre que no hayan sido recurridos en plazo.

b) La estimación de las reclamaciones efectuadas por los particulares cuando haya transcurrido el plazo sin que se hubiera dictado la resolución correspondiente.

c) La declaración de oficio de la nulidad de los actos administrativos que pongan fin a la vía administrativa.

d) La posibilidad de que la nulidad de los actos administrativos sea declarada mediante dictamen del Consejo de Estado u órgano consultivo equivalente de la Comunidad Autónoma.

**2. Transcurridos seis meses desde que la Administración inició de oficio el procedimiento de revisión de una disposición administrativa o un acto nulo, sin dictarse resolución, se producirá:**

a) La prescripción del derecho del interesado a reclamar.

b) La nulidad *ipso iure* de la disposición o acto.

c) La desestimación de la pretensión ejercitada en el mismo.

d) La caducidad del procedimiento.

**3. En los procedimientos de revisión de disposiciones administrativas y actos nulos, no será preceptiva la intervención del Consejo de Estado u órgano equivalente de la Comunidad Autónoma:**

a) Cuando la nulidad sea declarada de oficio pero a instancias de interesado.

b) Para acordar motivadamente la inadmisión a trámite de las solicitudes formuladas por los interesados, siempre que no se basen en una nulidad de pleno derecho.

c) En los supuestos en que la nulidad dimane de una vulneración de normas de rango superior.

d) Para acordar motivadamente la inadmisión a trámite de las solicitudes formuladas por los interesados en cualquier caso.

**4. Cuando una disposición administrativa haya sido declarada nula, el particular afectado por el acto en cuestión:**

a) Tendrá derecho a ser indemnizado, siempre que el daño causado sea efectivo, evaluable, individualizado y no hubiera tenido el deber jurídico de soportarlo.

b) Será indemnizado, si en la resolución que así lo declare se reconoce ese derecho.

c) No será indemnizado en ningún caso, pues subsisten las consecuencias de los actos firmes dictados en aplicación de la misma.

d) Deberá ser indemnizado en todo caso y por el simple hecho de la declaración de nulidad, pues al serle aplicada una norma manifiestamente ilegal, el perjuicio o daño se presume.

**5. El plazo para declarar de oficio la nulidad de los actos administrativos que hayan puesto fin a la vía administrativa o que no hayan sido recurridos en su momento oportuno, es:**

a) De seis meses.

b) De cuatro años.

c) De cuatro años para los que no hayan sido recurridos en plazo e indefinidamente para los que pongan fin a la vía administrativa.

d) *Sine die*, es decir, no existe plazo alguno para ello.

**6. La declaración de lesividad de los actos administrativos favorables a los interesados:**

a) Supone la nulidad automática de los mismos, sin necesidad de recabar dictamen del Consejo de Estado u órgano consultivo equivalente de la Comunidad Autónoma.

b) Reconoce el derecho de los particulares a ser indemnizados como consecuencia de los daños y perjuicios que les haya causado la aplicación de los actos declarados nulos.

c) Permite a las Administraciones Públicas impugnar ante la Jurisdicción Contencioso-Administrativa dichos actos.

d) Es la Resolución por la que se declara la anulabilidad de los mismos.

**7. Los actos administrativos con defectos de forma pero con los requisitos formales indispensables para alcanzar su fin, sin causar indefensión de los interesados:**

a) Serán declarados lesivos para el interés público si ha beneficiado al interesado o interesados.

b) Son anulables, previa declaración de lesividad y el dictamen favorable del Consejo de Estado u órgano consultivo equivalente de la Comunidad Autónoma.

c) Son nulos de pleno derecho.

d) No son anulables, por lo general.

**8. La lesividad de un acto administrativo podrá declararse:**

a) A los cuatro años desde su dictado.

b) Antes de los seis meses desde que se dictó.

c) Cuatro años después de conocido el vicio que lo invalida.
d) En cualquier momento.

**9. El transcurso del plazo previsto para la resolución del procedimiento en el que se declare la lesividad del acto, sin haberse acordado la misma, supone:**

a) La anulabilidad del acto administrativo.
b) La nulidad del acto administrativo.
c) La firmeza del acto administrativo.
d) La caducidad del procedimiento administrativo.

**10. La competencia para declarar la lesividad de un acto emanado de una entidad de las que integran la Administración Local corresponde:**

a) Al Alcalde de la Corporación.
b) Al Pleno de la Corporación.
c) Al órgano individual superior de la Corporación.
d) Al Consejo de Estado u órgano consultivo equivalente de la Comunidad Autónoma.

**11. La suspensión de la ejecución de los actos administrativos sobre los que se haya iniciado un procedimiento de revisión de oficio se podrá acordar:**

a) Siempre, cuando así discrecionalmente lo decida la Administración.
b) En ningún caso, pues no es posible su suspensión.
c) Cuando así lo solicite el interesado, previo aval que garantice las responsabilidades que se pudieran derivar.
d) Si se pudieran causar perjuicios de imposible o difícil reparación.

**12. Los errores materiales, de hecho o aritméticos existentes en los actos administrativos podrán ser rectificados:**

a) Siempre que no haya transcurrido el plazo de prescripción.
b) En cualquier momento.
c) Cuando no constituya exención o dispensa contraria a la ley.
d) Si no atenta contra la igualdad, el interés público o el ordenamiento jurídico.

**13. No es un límite al ejercicio de las facultades de revisión de actos administrativos expresamente previsto en la Ley 39/2015, de 1 de octubre:**

a) El interés público.
b) La equidad.
c) La buena fe.
d) Los derechos de los ciudadanos.

**14. La competencia para la revisión de oficio de las disposiciones y de actos nulos y anulables dictados por los Secretarios de Estado de la Administración General la ostenta:**

a) El Consejo de Ministros.
b) El máximo órgano rector colegiado del Ministerio al que se encuentren adscritos.
c) Ellos mismos.
d) El Ministro del que dependan.

**15. ¿Qué recurso o recursos se pueden oponer contra los actos administrativos de trámite que no se encuentren afectos de nulidad ni anulabilidad?**

a) Alzada.
b) Reposición.
c) Ninguno, sin perjuicio de alegar el defecto que corresponda al recurrir contra la resolución que ponga fin al procedimiento, en su caso.
d) Alzada y potestativo de reposición.

En MADTEST tienes **más preguntas de este tema**, y todos tus avances quedan registrados y se reflejan en el ranking.

**¡Supera tus límites con MADTEST!**

# Solución al test n.º 6

**1.** c) La declaración de oficio de la nulidad de los actos administrativos que pongan fin a la vía administrativa.

**2.** d) La caducidad del procedimiento.

**3.** b) Para acordar motivadamente la inadmisión a trámite de las solicitudes formuladas por los interesados, siempre que no se basen en una nulidad de pleno derecho.

**4.** a) Tendrá derecho a ser indemnizado, siempre que el daño causado sea efectivo, evaluable, individualizado y no hubiera tenido el deber jurídico de soportarlo.

**5.** d) Sine die, es decir, no existe plazo alguno para ello.

**6.** c) Permite a las Administraciones Públicas impugnar ante la Jurisdicción Contencioso Administrativa dichos actos.

**7.** d) No son anulables, por lo general.

**8.** a) A los cuatro años desde su dictado.

**9.** d) La caducidad del procedimiento administrativo.

**10.** b) Al Pleno de la Corporación.

**11.** d) Si se pudieran causar perjuicios de imposible o difícil reparación.

**12.** b) En cualquier momento.

**13.** a) El interés público.

**14.** d) El Ministro del que dependan.

**15.** c) Ninguno, sin perjuicio de alegar el defecto que corresponda al recurrir contra la resolución que ponga fin al procedimiento, en su caso.

**Ley 40/2015, de 1 de octubre, de Régimen Jurídico del Sector Público. Disposiciones Generales. Órganos de las Administraciones Públicas. Responsabilidad Patrimonial en las Administraciones Públicas. Funcionamiento Electrónico de las Administraciones Públicas. Convenios**

**1. De conformidad con el artículo 8 de la Ley 40/2015, de 1 de octubre, de Régimen Jurídico del Sector Público, la competencia para el dictado de actos administrativos:**

a) Es irrenunciable y siempre se ejercerá por los órganos administrativos que la tengan atribuida como propia.

b) Se puede delegar en todo caso.

c) Es irrenunciable y se ejercerá por los órganos administrativos que la tengan atribuida como propia, salvo los casos de delegación o avocación, en los términos previstos en la ley.

d) Es irrenunciable y se ejercerá por los órganos administrativos que la tengan atribuida como propia, salvo los casos de delegación de firma o suplencia, en los términos previstos en la ley.

**2. En ningún caso podrán ser objeto de delegación, tal y como dispone la Ley 40/2015, de 1 de octubre, competencias relativas a:**

a) La resolución de los recursos de alzada.

b) La adopción de disposiciones de carácter general.

c) Las resoluciones en materia de personal.

d) Las resoluciones de responsabilidad patrimonial.

**3. Según dispone el artículo 23 de la Ley 40/2015, de 1 de octubre, de Régimen Jurídico del Sector Público, es motivo de abstención:**

a) Tener interés personal en el asunto de que se trate o en otro en cuya resolución pudiera influir la de aquel, ser administrador de sociedad o entidad interesada, o tener cuestión litigiosa pendiente con algún interesado.

b) Tener parentesco de consanguinidad dentro del cuarto grado o de afinidad dentro del tercero, con cualquiera de los interesados, con los administradores de entidades o sociedades interesadas o con sus asesores o representantes legales.

c) Haber prestado servicios profesionales de cualquier tipo y en cualquier circunstancia o lugar en los cinco últimos años a persona natural interesada directamente en el asunto.

d) Haber prestado servicios profesionales de cualquier tipo y en cualquier circunstancia o lugar en los cinco últimos años a persona jurídica interesada directamente en el asunto.

**4. La recusación de acuerdo con el artículo 24 de la Ley 40/2015, de 1 de octubre, de Régimen Jurídico del Sector Público, la promueve:**

a) La autoridad.
b) El superior jerárquico de la autoridad o funcionario.
c) El interesado.
d) El funcionario.

**5. Según dispone el artículo 23 de la Ley 40/2015, de 1 de octubre, de Régimen Jurídico del Sector Público, NO es un motivo de abstención:**

a) Haber tenido intervención como perito en el procedimiento de que se trate.
b) Tener parentesco de afinidad dentro del segundo grado, con cualquiera de los interesados, con los administradores de entidades o sociedades interesadas y también con los asesores, representantes legales o mandatarios que intervengan en el procedimiento.
c) Tener parentesco de afinidad dentro del cuarto grado, con cualquiera de los interesados, con los administradores de entidades o sociedades interesadas y también con los asesores, representantes legales o mandatarios que intervengan en el procedimiento.
d) Haber tenido intervención como testigo en el procedimiento de que se trate.

**6. Según el artículo 9 de la Ley 40/2015, de 1 de octubre, de Régimen Jurídico del Sector Público, la delegación de competencias:**

a) Será revocable en cualquier momento por el órgano que la haya conferido.
b) Es irrevocable.
c) Será revocable solo por el Consejo de Gobierno.
d) Será revocable solo por el Consejo de Ministros.

**7. De acuerdo con el artículo 3 de la Ley 40/2015, de 1 de octubre, de Régimen Jurídico del Sector Público, ¿cuáles son los principios de actuación de las Administraciones Públicas?**

a) Jerarquía, cooperación, descentralización, desconcentración y colaboración.
b) Eficacia, desconcentración, jerarquía, descentralización y cooperación.
c) Coordinación, descentralización, jerarquía, eficacia y desconcentración.
d) Cooperación, jerarquía, descentralización, eficiencia y servicio a los ciudadanos.

**8. ¿Qué principios deberán respetar en su actuación las Administraciones Públicas, conforme al artículo 3 de la Ley 40/2015, de 1 de octubre, de Régimen Jurídico del Sector Público?**

a) Los de buena fe y confianza legítima.
b) Los de eficiencia y servicio a los ciudadanos.
c) Participación, objetividad y transparencia de la actuación administrativa.
d) Los de transparencia y participación.

**9. ¿Qué principios deberán respetar en sus relaciones las Administraciones Públicas?**

a) Buena fe, confianza legítima y lealtad institucional.
b) Los de eficiencia y servicio a los ciudadanos.
c) Los de transparencia y participación.
d) Los de cooperación y colaboración.

**10. Las Administraciones Públicas se relacionarán entre sí y con sus órganos, organismos públicos y entidades vinculados o dependientes, conforme al artículo 3.2 de la Ley 40/2015, de 1 de octubre, de Régimen Jurídico del Sector Público:**

a) A través de medios electrónicos.
b) A través de medios electrónicos, que aseguren la interoperabilidad y seguridad de los sistemas y soluciones adoptadas por cada una de ellas garantizando la protección de los datos de carácter personal, y facilitando preferentemente la prestación conjunta de servicios a los interesados.
c) Directamente y sin dilación garantizando la protección de los datos de carácter personal, y facilitarán preferentemente la prestación conjunta de servicios a los interesados.
d) Preferentemente a través de medios electrónicos, que aseguren la prestación conjunta de servicios a los interesados.

**11. ¿Cuál de las siguientes respuestas es correcta, de acuerdo con lo dispuesto en el artículo 3.4 de la Ley 40/2015, de 1 de octubre, de Régimen Jurídico del Sector Público?**

a) Cada Administración Pública actúa para el cumplimiento de sus fines con personalidad jurídica única.
b) Las Administraciones Públicas se configuran como órganos territoriales.
c) Las Administraciones Públicas están integradas por entes locales.
d) Cada Administración instrumental actúa para el cumplimiento de sus fines con personalidad jurídica única.

**12. Conforme a lo dispuesto en el artículo 5.3 de la Ley 40/2015, de 1 de octubre, de Régimen Jurídico del Sector Público, ¿qué requisito, de los siguientes, debe cumplirse para la creación de cualquier órgano administrativo?**

a) Determinar su forma de descentralización en la Administración Pública de que se trate.
b) Fijar los objetivos de interés común a cumplir.
c) La dotación de los créditos necesarios para su puesta en marcha y funcionamiento.
d) Deben cumplirse todos los requisitos anteriores.

**13. De acuerdo con lo dispuesto en el artículo 8.1 de la Ley 40/2015, de 1 de octubre, de Régimen Jurídico del Sector Público, ¿cómo es la competencia que ejerce un órgano administrativo que la tenga atribuida como propia?**

a) Es compartida con el órgano de superior jerarquía.
b) Es irrenunciable.

c) Es renunciable ante el órgano superior del mismo ente.

d) Es renunciable ante el órgano superior del mismo ente, a través de la técnica de la avocación.

**14. Señala la respuesta correcta. De acuerdo con lo dispuesto en el artículo 8 de la Ley 40/2015, de 1 de octubre, de Régimen Jurídico del Sector Público:**

a) Se pueden crear órganos que supongan duplicación de otros ya existentes.

b) La delegación de firma y la suplencia supone alteración de la titularidad de la competencia.

c) La encomienda de gestión supone alteración de la titularidad de la competencia.

d) Salvo los casos de avocación o delegación la competencia es irrenunciable.

**15. Señala la respuesta correcta. Según el artículo 9 de la Ley 40/2015, de 1 de octubre, de Régimen Jurídico del Sector Público:**

a) Los órganos de las diferentes Administraciones Públicas no podrán delegar el ejercicio de competencias que tengan atribuidas en otros órganos de la misma Administración, aun cuando no sean jerárquicamente dependientes.

b) No podrán ser objeto de delegación las competencias relativas a asuntos que se refieran a las relaciones con las Asambleas Legislativas de las Comunidades Autónomas.

c) Se podrán delegar las competencias relativas a asuntos que se refieran a las relaciones con las Cortes Generales.

d) Podrá ser objeto de delegación la resolución de recursos en los órganos administrativos que hayan dictado los actos objeto de recurso.

En MADTEST tienes **más preguntas de este tema**, y todos tus avances quedan registrados y se reflejan en el ranking.

**¡Supera tus límites con MADTEST!**

# Solución al test n.º 7

**1.** c) Es irrenunciable y se ejercerá por los órganos administrativos que la tengan atribuida como propia, salvo los casos de delegación o avocación, en los términos previstos en la ley.

**2.** b) La adopción de disposiciones de carácter general.

**3.** a) Tener interés personal en el asunto de que se trate o en otro en cuya resolución pudiera influir la de aquel, ser administrador de sociedad o entidad interesada, o tener cuestión litigiosa pendiente con algún interesado.

**4.** c) El interesado.

**5.** c) Tener parentesco de afinidad dentro del cuarto grado, con cualquiera de los interesados, con los administradores de entidades o sociedades interesadas y también con los asesores, representantes legales o mandatarios que intervengan en el procedimiento.

**6.** a) Será revocable en cualquier momento por el órgano que la haya conferido.

**7.** c) Coordinación, descentralización, jerarquía, eficacia y desconcentración.

**8.** c) Participación, objetividad y transparencia de la actuación administrativa.

**9.** a) Buena fe, confianza legítima y lealtad institucional.

**10.** b) A través de medios electrónicos, que aseguren la interoperabilidad y seguridad de los sistemas y soluciones adoptadas por cada una de ellas, garantizando la protección de los datos de carácter personal, y facilitando preferentemente la prestación conjunta de servicios a los interesados.

**11.** a) Cada Administración Pública actúa para el cumplimiento de sus fines con personalidad jurídica única.

**12.** c) La dotación de los créditos necesarios para su puesta en marcha y funcionamiento.

**13.** b) Es irrenunciable.

**14.** d) Salvo los casos de avocación o delegación la competencia es irrenunciable.

**15.** b) No podrán ser objeto de delegación las competencias relativas a asuntos que se refieran a las relaciones con las Asambleas Legislativas de las Comunidades Autónomas.

**La Ley 19/2013, de 9 de diciembre, de transparencia, acceso a la información pública y buen gobierno. Publicidad activa. Derecho de acceso a la información pública**

**1. En el Capítulo I del Título I: "Transparencia de la actividad pública" de la Ley 19/2013, concretamente en el art. 3, se señala que serán objeto de aplicación de las disposiciones las entidades privadas:**

a) En cuyo capital social la participación, directa o indirecta, sea superior al 50 %.

b) Que perciban durante el período de un año ayudas o subvenciones públicas en una cuantía superior a 100.000 euros o cuando al menos el 40 % del total de sus ingresos anuales tengan carácter de ayuda o subvención pública, siempre que alcancen como mínimo la cantidad de 5.000 euros.

c) Con personalidad jurídica propia, vinculadas a cualquiera de las Administraciones Públicas o dependientes de ellas.

d) Que tengan atribuidas funciones de regulación o supervisión de carácter externo sobre un determinado sector o actividad.

**2. En el ámbito de la Administración General del Estado, ¿a quién corresponde la evaluación del cumplimiento de los planes y programas anuales y plurianuales que las Administraciones Públicas deben publicar?**

a) Al Ministerio para la Transformación Digital y de la Función Pública.

b) Al Tribunal de Cuentas.

c) Al Instituto Nacional para las Administraciones Públicas (INAP).

d) A las Inspecciones Generales de Servicios.

**3. El Portal de la Transparencia contendrá información publicada de acuerdo con las prescripciones técnicas que se establezcan reglamentariamente que deberán adecuarse a los siguientes principios. Señala la respuesta incorrecta:**

a) Accesibilidad.

b) Interoperabilidad.

c) Control.

d) Reutilización.

**4. ¿Qué título de la Ley 19/2013 regula todo lo relativo a la "Transparencia de la actividad pública"?**

a) Título I.
b) Título II.
c) Título III.
d) Título IV.

**5. El cumplimiento de las obligaciones de publicidad activa derivadas de la Ley 19/2013, de 9 de diciembre, de transparencia, acceso a la información pública y buen gobierno, podrá realizarse utilizando los medios electrónicos puestos a su disposición por la Administración Pública de la que provenga la mayor parte de las ayudas o subvenciones públicas percibidas cuando se trate de entidades sin ánimo de lucro que persigan exclusivamente fines de interés social o cultural y cuyo presupuesto sea inferior a:**

a) 50.000 euros.
b) 100.000 euros.
c) 200.000 euros.
d) 250.000 euros.

**6. Según lo previsto en el artículo 18 de la Ley 19/2013, de 9 de diciembre, de transparencia, acceso a la información pública y buen gobierno, se inadmitirán a trámite, mediante resolución motivada, las solicitudes de acceso a la información:**

a) Relativas a los intereses económicos y turísticos.
b) Relativas a la garantía de la confidencialidad o el secreto requerido en procesos de toma de decisión.
c) Relativas a información para cuya divulgación sea necesaria una acción previa de reelaboración.
d) Relativas a infraestructuras críticas.

**7. El acceso a la información pública requiere:**

a) Solicitud previa.
b) Acreditación de la condición de interesado.
c) Motivación expresa.
d) La utilización de medios telemáticos.

**8. Cuando la información pública solicitada no contuviera datos especialmente protegidos, el órgano al que se dirija la solicitud concederá el acceso previa ............. suficientemente razonada del interés público en la divulgación de la información y los derechos de los afectados cuyos datos aparezcan en la información solicitada, en particular su derecho fundamental a la protección de datos de carácter personal. Señala la palabra que falta:**

a) Catalogación.
b) Acreditación.

c) Ponderación.
d) Identificación.

**9. El incumplimiento reiterado de la obligación de resolver en plazo procedimientos de acceso a la información pública:**

a) Tendrá la consideración de infracción grave.
b) Tendrá la consideración de infracción muy grave.
c) Tendrá la consideración de infracción leve.
d) No tendrá la consideración de infracción.

**10. Frente a toda resolución expresa o presunta en materia de acceso podrá interponerse una reclamación ante el Consejo de Transparencia y Buen Gobierno, previo a su impugnación en vía contencioso-administrativa, con carácter:**

a) Preceptivo.
b) Potestativo.
c) Colectivo.
d) Extraordinario.

**11. Frente a toda resolución expresa o presunta en materia de acceso a la información pública podrá interponerse, con carácter potestativo y previo a su impugnación en vía contencioso-administrativa, una reclamación ante:**

a) La Inspección de Servicios del Departamento correspondiente.
b) La Inspección de Servicios del Ministerio para la Transformación Digital y de la Función Pública.
c) El Consejo de Transparencia y Buen Gobierno.
d) El Instituto para la Evaluación de las Políticas Públicas.

**12. Según el artículo 7 de la Ley 19/2013, de 9 de diciembre, de transparencia, acceso a la información pública y buen gobierno, relativo a la información de relevancia jurídica:**

a) Las Administraciones Públicas, en el ámbito de sus competencias, publicarán los proyectos de Reglamento cuya iniciativa les corresponda.
b) Las Administraciones Públicas, en el ámbito de sus competencias, no publicarán los proyectos de Reglamento cuya iniciativa les corresponda.
c) Las Administraciones Públicas, en el ámbito de sus competencias, no podrán publicar los anteproyectos de ley hasta su aprobación.
d) Las Administraciones Públicas no podrán publicar los proyectos de decretos legislativos cuando se soliciten los dictámenes a los órganos consultivos.

**13. Según la Ley 19/2013, de 9 de diciembre, de Transparencia, Acceso a la Información Pública y Buen Gobierno, el derecho de acceso podrá ser limitado cuando acceder a la información suponga un perjuicio para:**

a) La seguridad pública.
b) La igualdad de las partes en los procesos judiciales y la tutela judicial efectiva.

c) La política económica y monetaria.
d) Todo lo anterior.

**14. La motivación de una solicitud de acceso a la información, según la Ley 19/2013:**

a) Es requisito ineludible para que se facilite la información.
b) Será causa de rechazo de la solicitud.
c) Las dos respuestas anteriores son ciertas.
d) Se deja a la decisión del solicitante.

**15. La transparencia de la actividad pública, respecto a la casa de su Majestad el Rey:**

a) No se aplica.
b) Se aplica en todas sus actividades.
c) Se aplica en sus actividades sujetas al Derecho Administrativo.
d) Se aplica solo en sus actividades de índole política.

En MADTEST tienes **más preguntas de este tema**, y todos tus avances quedan registrados y se reflejan en el ranking.

**¡Supera tus límites con MADTEST!**

# Solución al test n.º 8

**1.** b) Que perciban durante el período de un año ayudas o subvenciones públicas en una cuantía superior a 100.000 euros o cuando al menos el 40 % del total de sus ingresos anuales tengan carácter de ayuda o subvención pública, siempre que alcancen como mínimo la cantidad de 5.000 euros.

**2.** d) A las Inspecciones Generales de Servicios.

**3.** c) Control.

**4.** a) Título I.

**5.** a) 50.000 euros.

**6.** c) Relativas a información para cuya divulgación sea necesaria una acción previa de reelaboración.

**7.** a) Solicitud previa.

**8.** c) Ponderación.

**9.** a) Tendrá la consideración de infracción grave.

**10.** b) Potestativo.

**11.** c) El Consejo de Transparencia y Buen Gobierno.

**12.** a) Las Administraciones Públicas, en el ámbito de sus competencias, publicarán los proyectos de Reglamento cuya iniciativa les corresponda.

**13.** d) Todo lo anterior.

**14.** d) Se deja a la decisión del solicitante.

**15.** c) Se aplica en sus actividades sujetas al Derecho Administrativo.

**Régimen Jurídico de los Contratos del Sector Público: Contratos del Sector Público y Régimen Jurídico. Órganos de contratación. Disposiciones generales sobre la contratación del sector público. Partes en el contrato. Objeto, precio y cuantía del contrato**

**1. Los contratos que tienen por objeto la adquisición, el arrendamiento financiero, o el arrendamiento, con o sin opción de compra, de productos o bienes muebles, son:**

a) Contratos de servicios.
b) Contratos de suministro.
c) Contratos de obras.
d) Contratos de gestión de servicios públicos.

**2. No se consideran contratos de suministros:**

a) Aquellos en los que el empresario se obligue a entregar una pluralidad de bienes de forma sucesiva y por precio unitario sin que la cuantía total se defina con exactitud al tiempo de celebrar el contrato, por estar subordinadas las entregas a las necesidades del adquirente.
b) Los que tengan por objeto la adquisición y el arrendamiento de equipos y sistemas de telecomunicaciones o para el tratamiento de la información, sus dispositivos y programas, y la cesión del derecho de uso de estos últimos.
c) Los de adquisición de programas de ordenador desarrollados a medida.
d) Los de fabricación, por los que la cosa o cosas que hayan de ser entregadas por el empresario deban ser elaboradas con arreglo a características peculiares fijadas previamente por la entidad contratante, aun cuando esta se obligue a aportar, total o parcialmente, los materiales precisos.

**3. Están sujetos a regulación armonizada los contratos de obras y los contratos de concesión de obras públicas cuyo valor estimado sea igual o superior a:**

a) 5.538.000 euros.
b) 6.581.000 euros.
c) 8.615.000 euros.
d) 1.861.000 euros.

**4. De los siguientes, son contratos privados los contratos celebrados por una Administración Pública que tengan por objeto:**

a) La suscripción a revistas, publicaciones periódicas y bases de datos.
b) La concesión de servicios públicos.
c) Los contratos de colaboración entre el sector público y el sector privado.
d) La adquisición de suministros.

**5. Conforme al artículo 1.3 de la Ley 9/2017, siempre que guarde relación con el objeto del contrato, en toda contratación pública se incorporarán de manera transversal y preceptiva criterios sociales y:**

a) Divulgativos.
b) Comunitarios.
c) Medioambientales.
d) Judiciales.

**6. En virtud de la Ley 9/2017 (art. 6.1.a), se presumirá que las entidades intervinientes en un convenio tienen vocación de mercado cuando realicen en el mercado abierto un porcentaje de las actividades objeto de colaboración igual o superior a:**

a) El 10%.
b) El 20%.
c) El 50%.
d) El 30%.

**7. Un conjunto de trabajos de construcción o de ingeniería civil, destinado a cumplir por sí mismo una función económica o técnica, que tenga por objeto un bien inmueble, es denominado por la Ley 9/2017:**

a) Una infraestructura.
b) Patrimonio material.
c) Una obra.
d) Un servicio público.

**8. En un contrato de concesión de obras, cuando no esté garantizado que, en condiciones normales de funcionamiento, el concesionario vaya a recuperar las inversiones realizadas ni a cubrir los costes en que hubiera incurrido como consecuencia de la explotación de las obras que sean objeto de la concesión, se considerará que el mismo asume un riesgo:**

a) Operacional.
b) Virtual.
c) General.
d) Provisional.

**9. Los contratos que tengan por objeto la adquisición de energía primaria o energía transformada se consideran:**

a) Contratos de concesión de servicios.
b) Contratos de suministros.
c) Contratos privados.
d) Contratos de servicios.

**10. Deberá elaborarse un proyecto y tramitarse como la Ley 9/2017 dispone para los contratos de obras, el contrato mixto en que un elemento del contrato sea una obra y esta supere:**

a) Los 50.000 euros.
b) Los 100.000 euros.
c) Los 5.000 euros.
d) Los 10.000 euros.

**11. No podrán ser objeto de los contratos de servicios:**

a) Los que impliquen ejercicio de la autoridad inherente a los poderes públicos.
b) Los que impliquen el desarrollo o mantenimiento de aplicaciones informáticas.
c) Los que tengan por objeto el desarrollo y la puesta a disposición de productos protegidos por un derecho de propiedad intelectual o industrial.
d) Los que tengan por objeto la prestación de actividades docentes en centros del sector público desarrolladas en forma de cursos de formación o perfeccionamiento del personal al servicio de la Administración.

**12. Los contratos celebrados por entidades del sector público que siendo poder adjudicador no reúnan la condición de Administraciones Públicas, tienen la consideración de:**

a) Contratos administrativos.
b) Contratos privados.
c) Contratos administrativos especiales.
d) Contratos mixtos.

**13. La duración de los contratos de arrendamiento de bienes muebles no podrá exceder, incluyendo las posibles prórrogas, de:**

a) 3 años.
b) 4 años.
c) 5 años.
d) 7 años.

**14. La duración, incluyendo las posibles prórrogas, de los contratos de concesión de obras, y de concesión de servicios que comprendan la ejecución de obras y la explotación de servicio, no podrá exceder de:**

a) 10 años.
b) 20 años.
c) 25 años.
d) 40 años.

**15. Se consideran contratos menores los contratos de suministro o de servicios de valor estimado inferior a:**

a) 15.000 euros.
b) 20.000 euros.
c) 30.000 euros.
d) 40.000 euros.

En MADTEST tienes **más preguntas de este tema**, y todos tus avances quedan registrados y se reflejan en el ranking.

**¡Supera tus límites con MADTEST!**

# Solución al test n.º 9

**1.** b) Contratos de suministro.

**2.** c) Los de adquisición de programas de ordenador desarrollados a medida.

**3.** a) 5.538.000 euros.

**4.** a) La suscripción a revistas, publicaciones periódicas y bases de datos.

**5.** c) Medioambientales.

**6.** b) El 20%.

**7.** c) Una obra.

**8.** a) Operacional.

**9.** b) Contratos de suministros.

**10.** a) Los 50.000 euros.

**11.** a) Los que impliquen ejercicio de la autoridad inherente a los poderes públicos.

**12.** b) Contratos privados.

**13.** c) 5 años.

**14.** d) 40 años.

**15.** a) 15.000 euros.

**Régimen Jurídico de la Función Pública (I): el personal al servicio de las Administraciones Locales. Plantilla y RPT. Oferta de Empleo Público. Selección, provisión de puestos y movilidad. Carrera profesional y promoción interna. Situaciones administrativas**

**1. ¿A qué dos principios ha de atender la designación del personal directivo profesional de las Administraciones Públicas?**

a) Publicidad y concurrencia.
b) Legalidad e igualdad.
c) Capacidad y mérito.
d) Idoneidad y transparencia.

**2. Indica una de las notas características de los funcionarios de carrera:**

a) Desempeño de servicios de carácter permanente.
b) Nombramiento legal, hecho por Autoridad competente.
c) Los puestos de trabajo que desempeñan han de figurar en la Plantilla orgánica y en el Registro de Personal.
d) Todas las respuestas son correctas.

**3. ¿Cómo se denomina al personal que, en virtud de nombramiento y con carácter no permanente, solo realiza funciones expresamente calificadas como de confianza o asesoramiento especial, siendo retribuido con cargo a los créditos presupuestarios consignados para este fin?**

a) Personal Laboral.
b) Personal Eventual.
c) Funcionarios interinos.
d) Funcionarios de carrera.

**4. Señala la respuesta incorrecta respecto al personal eventual:**

a) Su nombramiento y cese serán libres.
b) La condición de personal eventual podrá constituir mérito para el acceso a la Función Pública.

c) Su cese tendrá lugar, en todo caso, cuando se produzca el de la autoridad a la que se preste la función de confianza o asesoramiento.

d) Le será aplicable, en lo que sea adecuado a la naturaleza de su condición, el régimen general de los funcionarios de carrera.

**5. Señala la respuesta incorrecta respecto al régimen jurídico del personal laboral:**

a) La Jurisdicción competente en esta materia es la Contencioso-Administrativa.

b) Dentro de este personal, por razón de la fijeza de su vinculación a la Entidad de que se trate, se distingue entre los contratados indefinidamente y los contratados temporalmente.

c) La selección de este personal se hará por concurso, concurso-oposición u oposición libre.

d) La contratación de este personal corresponde al Alcalde o al Presidente de la Diputación Provincial, a quien compete, también, la asignación del mismo a los distintos puestos de trabajo de carácter laboral previstos en las Relaciones de Puestos de Trabajo aprobadas por la Corporación, de acuerdo con la legislación laboral.

**6. Los Ayuntamientos de Municipios con población superior a 50.000 y no superior a 75.000 habitantes podrán incluir en sus plantillas puestos de trabajo de personal eventual por un número que no podrá exceder de:**

a) Uno.
b) Dos.
c) Siete.
d) La mitad de concejales de la Corporación local.

**7. ¿Con qué frecuencia publicarán las Corporaciones locales en su sede electrónica y en el Boletín Oficial de la Provincia o, en su caso, de la Comunidad Autónoma uniprovincial el número de los puestos de trabajo reservados a personal eventual?**

a) Cada cinco años.
b) Cada dos años.
c) Anualmente.
d) Semestralmente.

**8. No se rigen por el Derecho Administrativo el/los:**

a) Funcionarios.
b) Laborales.
c) Personal Eventual.
d) Interinos.

**9. Los puestos de confianza o asesoramiento especial se suelen reservar al/a los:**

a) Políticos.
b) Personal Eventual.
c) Personal Laboral.
d) Funcionarios.

**10. Los interinos ocupan provisionalmente puestos que pueden ser desempeñados por:**

a) Contratados temporales.
b) Personal eventual.
c) Funcionarios.
d) Personal Laboral.

**11. El Texto Refundido de la Ley del Estatuto Básico del Empleado Público se aprobó por:**

a) Real Decreto Legislativo 12/2007, de 13 de marzo.
b) Real Decreto Legislativo 5/2012, de 13 de mayo.
c) Real Decreto Legislativo 5/2015, de 30 de octubre.
d) Real Decreto Legislativo 3/2015, de 14 de abril.

**12. El número de Personal Eventual que haya de existir en un Municipio de régimen común se fija por el/la:**

a) Pleno.
b) Alcalde o Presidente.
c) Comunidad Autónoma respectiva.
d) Junta de Gobierno Local.

**13. Respecto del Personal Eventual, ha de publicarse en el Boletín Oficial de la Provincia:**

a) Las sanciones que se le impongan.
b) El nombramiento y cese.
c) La concesión de menciones honoríficas.
d) Ninguna de las respuestas anteriores es correcta.

**14. Un Decreto de un Presidente de una Diputación Provincial despidiendo a un laboral al servicio de la misma:**

a) Es nulo de pleno derecho al dictarse por órgano manifiestamente incompetente.
b) Basta para que se lleve a cabo dicho despido.
c) Debe ser ratificado por el Pleno de la Corporación.
d) Ha de confirmarse ante el correspondiente Juzgado de lo Social.

**15. ¿Cuál es la edad mínima para poder participar en los procesos selectivos de acceso al empleo público?**

a) 14 años.
b) 16 años.
c) 17 años.
d) 18 años.

En MADTEST tienes **más preguntas de este tema**, y todos tus avances quedan registrados y se reflejan en el ranking.

**¡Supera tus límites con MADTEST!**

# Solución al test n.º 10

**1.** c) Capacidad y mérito.

**2.** d) Todas las respuestas son correctas.

**3.** b) Personal Eventual.

**4.** b) La condición de personal eventual podrá constituir mérito para el acceso a la Función Pública.

**5.** a) La Jurisdicción competente en esta materia es la Contencioso-Administrativa.

**6.** d) La mitad de concejales de la Corporación local.

**7.** d) Semestralmente.

**8.** b) Laborales.

**9.** b) Personal Eventual.

**10.** c) Funcionarios.

**11.** c) Real Decreto Legislativo 5/2015, de 30 de octubre.

**12.** a) Pleno.

**13.** d) Ninguna de las respuestas anteriores es correcta.

**14.** b) Basta para que se lleve a cabo dicho despido.

**15.** b) 16 años.

# TEST N.º 11

**Régimen Jurídico de la Función Pública (II): Derechos y deberes. Jornada y horario, vacaciones, permisos y licencias. Situaciones administrativas. Régimen retributivo del personal funcionario de la administración local. Código de conducta de los empleados públicos. Régimen disciplinario. Incompatibilidades**

**1. A tenor del artículo 14 del EBEP los empleados públicos tienen derecho:**

a) A la inamovilidad en la condición de funcionario de carrera.

b) A la formación continua y a la actualización permanente de sus conocimientos y capacidades profesionales, preferentemente fuera del horario laboral.

c) A la libertad de expresión, sin restricción alguna.

d) A participar en la consecución de los objetivos atribuidos a la unidad donde preste sus servicios y a ser consultado por sus superiores por las tareas a desarrollar.

**2. Los empleados públicos tienen derecho a la libertad de expresión:**

a) En los términos que establezca una ley.

b) En los términos que se establezcan reglamentariamente.

c) A través de sus representantes sindicales.

d) Dentro de los límites del ordenamiento jurídico.

**3. El conjunto ordenado de oportunidades de ascenso y expectativas de progreso profesional conforme a los principios de igualdad, mérito y capacidad, se denomina:**

a) Evaluación del desempeño.

b) Promoción profesional.

c) Promoción interna.

d) Carrera profesional.

**4. Para tener derecho a la promoción interna, los funcionarios deberán tener una antigüedad de servicio activo en el inferior subgrupo o grupo de clasificación profesional, de al menos:**

a) Dos años.

b) Tres años.

c) Cuatro años.
d) Cinco años.

**5. El procedimiento mediante el cual se mide y valora la conducta profesional y el rendimiento o el logro de resultados de los empleados públicos, se denomina:**

a) Carrera horizontal.
b) Evaluación del desempeño.
c) Concurso de méritos.
d) Mapa de competencias.

**6. Las Administraciones Públicas podrán destinar cantidades hasta el porcentaje de la masa salarial que se fije en las correspondientes Leyes de Presupuestos Generales del Estado a financiar aportaciones a planes de pensiones de empleo o contratos de seguro colectivos; estas cantidades tendrán a todos los efectos la consideración de:**

a) Retribución básica.
b) Retribución complementaria.
c) Indemnización.
d) Retribución diferida.

**7. Las retribuciones de los funcionarios en prácticas:**

a) Se corresponderán a las del sueldo del Subgrupo o Grupo, en el supuesto de que este no tenga Subgrupo, en que aspiren a ingresar.
b) No podrán superar las del sueldo del Subgrupo o Grupo, en el supuesto de que este no tenga Subgrupo, en que aspiren a ingresar.
c) Se determinarán de acuerdo con la legislación laboral, el convenio colectivo que sea aplicable y el contrato de trabajo.
d) Como mínimo, se corresponderán a las del sueldo del Subgrupo o Grupo, en el supuesto de que este no tenga Subgrupo, en que aspiren a ingresar.

**8. La cuantía y estructura de las retribuciones complementarias de los funcionarios se establecerán por:**

a) Ley estatal.
b) Las correspondientes leyes de cada Administración Pública.
c) Real Decreto del Consejo de Ministros.
d) Decreto del correspondiente Consejo de Gobierno de la Administración Autonómica.

**9. ¿Cuál de las siguientes retribuciones complementarias corresponde al nivel del puesto que desempeñe el funcionario?**

a) Complemento específico.
b) Complemento de destino.

c) Complemento de productividad.
d) Gratificación por servicios extraordinarios.

**10. ¿Podrá percibirse participación en tributos o en cualquier otro ingreso de las Administraciones Públicas como contraprestación de cualquier servicio, participación o premio en multas impuestas?**

a) No, en ningún caso.
b) Sí, en cualquier caso.
c) No, excepto cuando estuviesen normativamente atribuidas a los servicios.
d) Sí, excepto cuando estuviesen normativamente atribuidas a los servicios.

**11. A tenor del artículo 39 del EBEP los órganos específicos de representación de los funcionarios son:**

a) Los Comités de Empresa y los Delegados de Prevención.
b) Los Delegados de Personal y las Juntas de Personal.
c) Las Mesas Generales de Negociación y las Mesas Sectoriales.
d) Los Comités de Personal y los Delegados de Servicio.

**12. Por ser preciso atender el cuidado de un familiar de primer grado, por razones de enfermedad muy grave y por el plazo máximo de un mes, el funcionario tendrá derecho a solicitar, con carácter retribuido, una reducción de:**

a) Hasta el 50 % de la jornada laboral.
b) 2 horas diarias.
c) 4 horas diarias.
d) Hasta 5 horas diarias.

**13. Según el artículo 48 del EBEP, los funcionarios públicos disponen de un permiso por fallecimiento de un familiar dentro del primer grado de consanguinidad o afinidad, cuando el suceso se produzca en distinta localidad, de:**

a) 2 días hábiles.
b) 3 días hábiles.
c) 4 días hábiles.
d) 5 días hábiles.

**14. Tal y como señala el artículo 50 del EBEP, los funcionarios públicos tendrán derecho a disfrutar, durante cada año natural, de unas vacaciones retribuidas de:**

a) 1 mes.
b) 30 días naturales.
c) 22 días hábiles.
d) 30 días hábiles.

### 15. Los Empleados Públicos:

a) Podrán voluntariamente acatar la Constitución y el resto de normas que integran el ordenamiento jurídico.

b) Podrán abstenerse en aquellos asuntos en los que tengan un interés personal.

c) Su actuación perseguirá la satisfacción de los intereses del Gobierno.

d) Guardarán secreto de las materias clasificadas.

En MADTEST tienes **más preguntas de este tema**, y todos tus avances quedan registrados y se reflejan en el ranking.

**¡Supera tus límites con MADTEST!**

# Solución al test n.º 11

**1.** a) A la inamovilidad en la condición de funcionario de carrera.

**2.** d) Dentro de los límites del ordenamiento jurídico.

**3.** d) Carrera profesional.

**4.** a) Dos años.

**5.** b) Evaluación del desempeño.

**6.** d) Retribución diferida.

**7.** d) Como mínimo, se corresponderán a las del sueldo del Subgrupo o Grupo, en el supuesto de que este no tenga Subgrupo, en que aspiren a ingresar.

**8.** b) Las correspondientes leyes de cada Administración Pública.

**9.** b) Complemento de destino.

**10.** a) No, en ningún caso.

**11.** b) Los Delegados de Personal y las Juntas de Personal.

**12.** a) Hasta el 50 % de la jornada laboral.

**13.** d) 5 días hábiles.

**14.** c) 22 días hábiles.

**15.** d) Guardarán secreto de las materias clasificadas.

**Las Haciendas Locales: Régimen jurídico. Recursos de las Haciendas Locales. Impuestos. Tasas. Contribuciones especiales. Precios públicos. Gestión, Recaudación e Inspección de los tributos y precios públicos**

**1. De conformidad con el artículo 142 de la Constitución Española:**

a) Las Haciendas Locales deberán disponer de los medios suficientes para el desempeño de las funciones que la ley atribuye a las Corporaciones respectivas.

b) Las Haciendas Locales deberán disponer de los medios necesarios para el desempeño de las funciones que la ley atribuye a las Corporaciones respectivas.

c) Las Haciendas Locales deberán disponer de los medios suficientes para el desempeño de las necesidades que la ley atribuye a las Corporaciones respectivas.

d) Las Haciendas Locales deberán disponer de los medios suficientes para el desempeño de las actividades que la ley atribuye a las Corporaciones respectivas.

**2. Según la Ley de Bases de Régimen Local:**

a) Las Haciendas Locales se nutren, además de tributos propios y de las participaciones reconocidas en los del Estado y en los de las Comunidades Autónomas, de aquellos otros recursos que prevé la ley.

b) Las Haciendas Locales se nutren, además de tributos propios, de las participaciones reconocidas en los del Estado y en los de las Comunidades Autónomas.

c) Las Haciendas Locales se nutren, además de tributos propios, de las participaciones reconocidas en los del Estado.

d) Las Haciendas Locales se nutren, además de tributos propios, de las participaciones reconocidas en los de las Comunidades Autónomas.

**3. Solo podrán establecerse prestaciones personales o patrimoniales de carácter público:**

a) Con arreglo a la ley.

b) Con arreglo a la norma.

c) Con arreglo a los reglamentos.

d) Con arreglo a los Reales Decretos.

**4. ¿Tienen las Entidades Locales potestad tributaria?**

a) Sí, de carácter secundario.
b) Sí, de carácter primario.
c) No.
d) Solo la tiene el Estado.

**5. La potestad reglamentaria de las Entidades Locales en materia tributaria se ejercerá a través de:**

a) Ordenanzas Generales de Gestión, Recaudación e Inspección.
b) Ordenanzas Fiscales reguladoras de sus propios tributos.
c) Las respuestas anteriores son correctas.
d) Ordenanzas Fiscales reguladoras de las tarifas.

**6. La Hacienda de las Entidades Locales estará constituida por los siguientes recursos:**

a) Las subvenciones.
b) El producto de las operaciones de crédito.
c) El producto de las multas y sanciones.
d) Todas las respuestas son verdaderas.

**7. ¿Qué ingresos tienen la consideración de derecho privado?**

a) Las adquisiciones a título de herencia, legado o donación.
b) Los rendimientos o productos de cualquier naturaleza derivados del patrimonio.
c) Las adquisiciones mediante contratos.
d) Las respuestas a) y b) son correctas.

**8. Tendrán la consideración de tasas las prestaciones patrimoniales que establezcan las Entidades locales por:**

a) El coste de las obras.
b) La utilización privativa o el aprovechamiento especial del dominio público local.
c) Las actividades administrativas de toda clase.
d) Ninguna respuesta es correcta.

**9. El importe de las contribuciones especiales no podrá exceder de:**

a) 50 por 100 del coste de la obra que el Municipio soporte.
b) 90 por 100 del coste de la obra que el Municipio soporte.
c) 70 por 100 del coste de la obra que el Municipio soporte.
d) 80 por 100 del coste de la obra que el Municipio soporte.

**10. Los Ayuntamientos podrán establecer y exigir el siguiente impuesto:**

a) Impuesto sobre Bienes Inmuebles.
b) Impuesto sobre Vehículos de Tracción Mecánica.
c) Impuesto sobre el Incremento de Valor de los Terrenos de Naturaleza Urbana.
d) Impuesto sobre Actividades Económicas.

**11. Las Entidades Locales podrán percibir subvenciones de toda índole con destino a sus obras y servicios:**

a) Que no podrán ser aplicadas a atenciones distintas de aquellas para las que fueron otorgadas, salvo, en su caso, los sobrantes no reintegrables cuya utilización no estuviese prevista en la concesión.
b) Que no podrán ser aplicadas a atenciones distintas de aquellas para las que fueron otorgadas.
c) Que podrán ser aplicadas a atenciones distintas de aquellas para las que fueron otorgadas.
d) Que podrán ser aplicadas a atenciones distintas de aquellas para las que fueron otorgadas salvo, en su caso, los sobrantes no reintegrables.

**12. Todas las operaciones financieras que suscriban las Corporaciones Locales están sujetas:**

a) Al principio de anualidad.
b) Al principio de prudencia financiera.
c) Al principio de ejecución presupuestaria.
d) Al principio de especificación.

**13. ¿Pueden las entidades locales acudir al crédito privado a largo plazo?**

a) Sí, pudiendo instrumentarse a través de contratación de préstamos o créditos.
b) Sí, pudiendo instrumentarse a través de emisión de deuda privada.
c) Sí, pudiendo instrumentarse a través de conversión y sustitución total o parcial de operaciones futuras.
d) Todas las respuestas son verdaderas.

**14. La prestación personal y de transporte podrá ser exigible:**

a) Por los Ayuntamientos con población de derecho no superior a 3.000 habitantes.
b) Por los Ayuntamientos con población de derecho no superior a 4.000 habitantes.
c) Por las Entidades de ámbito inferior al municipio.
d) Por los Ayuntamientos con población de derecho no superior a 5.000 habitantes.

**15. ¿Podrán reconocerse beneficios fiscales en los tributos locales?**

a) Solo en los casos expresamente previstos en las normas con rango de ley.
b) En los casos derivados de la aplicación de los Tratados Internacionales.
c) Las respuestas a) y b) son correctas.
d) En los casos establecidos en los reglamentos estatales.

En MADTEST tienes **más preguntas de este tema**, y todos tus avances quedan registrados y se reflejan en el ranking.

**¡Supera tus límites con MADTEST!**

# Solución al test n.º 12

**1.** a) Las Haciendas Locales deberán disponer de los medios suficientes para el desempeño de las funciones que la ley atribuye a las Corporaciones respectivas.

**2.** a) Las Haciendas Locales se nutren, además de tributos propios y de las participaciones reconocidas en los del Estado y en los de las Comunidades Autónomas, de aquellos otros recursos que prevé la ley.

**3.** a) Con arreglo a la ley.

**4.** a) Sí, de carácter secundario.

**5.** c) Las respuestas anteriores son correctas.

**6.** d) Todas las respuestas son verdaderas.

**7.** d) Las respuestas a) y b) son correctas.

**8.** b) La utilización privativa o el aprovechamiento especial del dominio público local.

**9.** b) 90 por 100 del coste de la obra que el Municipio soporte.

**10.** c) Impuesto sobre el Incremento de Valor de los Terrenos de Naturaleza Urbana.

**11.** a) Que no podrán ser aplicadas a atenciones distintas de aquellas para las que fueron otorgadas, salvo, en su caso, los sobrantes no reintegrables cuya utilización no estuviese prevista en la concesión.

**12.** b) Al principio de prudencia financiera.

**13.** a) Sí, pudiendo instrumentarse a través de contratación de préstamos o créditos.

**14.** d) Por los Ayuntamientos con población de derecho no superior a 5.000 habitantes.

**15.** b) En los casos derivados de la aplicación de los Tratados Internacionales.

## El Presupuesto de las Entidades Locales: contenido, elaboración y aprobación. Los créditos y sus modificaciones. Ejecución y liquidación. Control y fiscalización

**1. Los Presupuestos Generales de las Entidades Locales constituyen de acuerdo con el Texto Refundido de la Ley Reguladora de las Haciendas Locales:**

a) La expresión de las obligaciones que, como máximo, pueden reconocer la Entidad y sus Organismos Autónomos.

b) La expresión cifrada, conjunta y sistemática de las obligaciones que, como máximo, pueden reconocer la Entidad y sus Organismos Autónomos.

c) La expresión cifrada, general y sistemática de las obligaciones que, como máximo, pueden reconocer la Entidad y sus Organismos Autónomos.

d) La expresión contable, conjunta y sistemática de las obligaciones que, como máximo, pueden reconocer la Entidad y sus Organismos Autónomos.

**2. Las Entidades Locales elaborarán y aprobarán anualmente un Presupuesto General en el que se integrarán:**

a) El Presupuesto de los organismos autónomos dependientes.

b) Los estados de previsión de gastos e ingresos de las Sociedades Mercantiles cuyo capital social pertenezca íntegramente a la Entidad Local.

c) Las respuestas a) y b) son correctas.

d) El presupuesto agregado de la propia Entidad.

**3. El contenido mínimo de las Bases de Ejecución del Presupuesto deberá incluir:**

a) Normas que regulen el procedimiento de ejecución del Presupuesto.

b) Regulación de las transferencias de créditos.

c) Niveles de vinculación jurídica de los créditos.

d) Todas respuestas son correctas.

**4. ¿Qué norma regula la estructura de los Presupuestos de las Entidades Locales?**

a) Orden EHA/3565/2006, de 3 de diciembre, por la que se aprueba la estructura de los Presupuestos de las Entidades Locales de los bienes de uso privado.
b) Orden EHA/3565/2008, de 3 de diciembre, por la que se aprueba la estructura de los Presupuestos de las Entidades Locales.
c) Orden de 20 de septiembre de 1989 por la que se establece la estructura de los presupuestos de las entidades locales.
d) Orden EHA/3565/2005, de diciembre, por la que se aprueba la estructura de los presupuestos de las entidades locales.

**5. Dentro de las áreas de gasto del presupuesto, se incluye en el área de gasto 2 referente a Actuaciones de protección y promoción social:**

a) Seguridad y movilidad ciudadana.
b) Pensiones.
c) Cultura.
d) Agricultura, ganadería y pesca.

**6. ¿En qué área de gasto se incluye la política de gasto denominada "Infraestructuras"?**

a) Actuaciones de carácter económico.
b) Actuaciones de carácter general.
c) Producción de bienes públicos de carácter preferente.
d) Deuda pública.

**7. ¿En qué área de gasto se incluye la política de gasto denominada "Administración financiera y tributaria"?**

a) Actuaciones de carácter general.
b) Actuaciones de carácter económico.
c) Actuaciones de protección y promoción social.
d) Producción de bienes públicos de carácter preferente.

**8. ¿En qué área de gasto se incluye la política de gasto denominada "Sanidad"?**

a) Producción de bienes públicos de carácter preferente.
b) Actuaciones de protección y promoción social.
c) Servicios públicos básicos.
d) Actuaciones de carácter general.

**9. ¿En qué área de gasto se incluye la política de gasto denominada "Fomento del empleo"?**

a) Servicios públicos básicos.
b) Actuaciones de protección y promoción social.

c) Actuaciones de carácter económico.
d) Actuaciones de carácter general.

**10. En relación con la Clasificación Económica de los Gastos del Presupuesto de las Entidades Locales se distingue entre:**

a) Operaciones abiertas y cerradas.
b) Operaciones limitadas y no limitadas.
c) Operaciones financieras y no financieras.
d) Operaciones a préstamo y liberadas.

**11. El Fondo de Contingencia tiene como fin:**

a) Atender al abono de los intereses de las operaciones de crédito.
b) Hacer frente a los gastos de contratación del personal laboral.
c) Completar aquellas aplicaciones presupuestarias que necesiten ser ampliadas.
d) Atender a las necesidades imprevistas, inaplazables y no discrecionales, para las que no exista crédito presupuestario o el previsto resulte insuficiente.

**12. El Fondo de Contingencia y Otros Imprevistos se ha de incluir obligatoriamente en los Presupuestos:**

a) De los municipios con población superior a 5.000 habitantes.
b) De las capitales de provincia.
c) De los municipios con población superior a 15.000 habitantes.
d) De los municipios con población superior a 25.000 habitantes.

**13. Respecto a la Clasificación Económica de los Gastos del Presupuesto de las Entidades Locales, dentro del capítulo 1: Gastos de personal, se encuentra el gasto siguiente:**

a) Gastos de naturaleza social.
b) Cotizaciones obligatorias de las entidades locales y de sus organismos autónomos a los distintos regímenes de Seguridad Social.
c) Retribuciones fijas y variables.
d) Todas las respuestas son verdaderas.

**14. En relación con la Clasificación Económica de los Ingresos del Presupuesto de las Entidades Locales:**

a) Se distinguen las operaciones no financieras de las financieras, subdividiéndose las segundas en operaciones corrientes y de capital.
b) Se distinguen las operaciones no financieras de las financieras, subdividiéndose las primeras en operaciones corrientes y de capital.
c) Se distinguen las operaciones no financieras, operaciones corrientes y de capital.
d) Se distinguen las operaciones no financieras de las financieras y de capital.

**15. En relación con la Clasificación Económica de los Ingresos del Presupuesto de las Entidades Locales no forman parte de las operaciones corrientes:**

a) Impuestos directos.
b) Transferencias de capital.
c) Tasas, precios públicos y otros ingresos.
d) Ingresos patrimoniales.

En MADTEST tienes **más preguntas de este tema**, y todos tus avances quedan registrados y se reflejan en el ranking.

**¡Supera tus límites con MADTEST!**

# Solución al test n.º 13

**1.** b) La expresión cifrada, conjunta y sistemática de las obligaciones que, como máximo, pueden reconocer la Entidad y sus Organismos Autónomos.

**2.** c) Las respuestas a) y b) son correctas.

**3.** d) Todas respuestas son correctas.

**4.** b) Orden EHA/3565/2008, de 3 de diciembre, por la que se aprueba la estructura de los Presupuestos de las Entidades Locales.

**5.** b) Pensiones.

**6.** a) Actuaciones de carácter económico.

**7.** a) Actuaciones de carácter general.

**8.** a) Producción de bienes públicos de carácter preferente.

**9.** b) Actuaciones de protección y promoción social.

**10.** c) Operaciones financieras y no financieras.

**11.** d) Atender a las necesidades imprevistas, inaplazables y no discrecionales, para las que no exista crédito presupuestario o el previsto resulte insuficiente.

**12.** b) De las capitales de provincia.

**13.** d) Todas las respuestas son verdaderas.

**14.** b) Se distinguen las operaciones no financieras de las financieras, subdividiéndose las primeras en operaciones corrientes y de capital.

**15.** b) Transferencias de capital.

# TEST N.º 14

**La Protección de Datos Personales y garantía de los derechos digitales. Normativa reguladora. Objeto y ámbito aplicación. Principios de protección de datos. Derechos de las personas y ejercicio de los derechos. Tratamiento de datos. Responsable y encargado del tratamiento. Delegado de Protección de datos. Códigos de conducta y transferencias internacionales de datos. Régimen jurídico y régimen sancionador. Garantía de los derechos digitales**

**1. El *Reglamento (UE) 2016/679, de 27 de abril, relativo a la protección de las personas físicas en lo que respecta al tratamiento de datos personales y a la libre circulación de estos datos* (RGPD) señala al determinar cuál es su objeto, que la libre circulación de los datos personales en la Unión:**

a) Podrá ser restringida y prohibida por motivos relacionados con la protección de las personas físicas en lo que respecta al tratamiento de datos personales.

b) Podrá ser restringida, pero no prohibida, por motivos relacionados con la protección de las personas físicas en lo que respecta al tratamiento de datos personales.

c) No podrá ser restringida ni prohibida por motivos relacionados con la protección de las personas físicas en lo que respecta al tratamiento de datos personales.

d) No podrá ser restringida, pero sí prohibida, por motivos relacionados con la protección de las personas físicas en lo que respecta al tratamiento de datos personales.

**2. En virtud de qué principio previsto por el Reglamento General de Protección de Datos, los datos personales serán adecuados, pertinentes y limitados a lo necesario en relación con los fines para los que son tratados:**

a) Principio de exactitud.

b) Principio de limitación de la finalidad.

c) Principio de responsabilidad proactiva.

d) Principio de minimización de datos.

**3. Según el artículo 5 del** *Reglamento (UE) 2016/679, de 27 de abril, relativo a la protección de las personas físicas en lo que respecta al tratamiento de datos personales y a la libre circulación de estos datos,* **los datos personales serán tratados, en relación con el interesado, de manera lícita, leal y:**

a) Fiable.
b) Segura.
c) Confidencial.
d) Transparente.

**4. Según el** *Reglamento (UE) 2016/679, de 27 de abril, relativo a la protección de las personas físicas en lo que respecta al tratamiento de datos personales y a la libre circulación de estos datos,* **para poder considerar que el consentimiento del interesado para el tratamiento de sus datos personales es inequívoco:**

a) Se requerirá declaración jurada del interesado donde manifieste su conformidad.
b) Se precisa contrato de cesión de datos personales.
c) Deberá existir una declaración del interesado o una acción positiva que manifieste su conformidad.
d) Bastará con el consentimiento por silencio, casillas ya marcadas o inacción.

**5. El RGPD denomina a la autoridad pública independiente establecida por un Estado miembro:**

a) Agencia Nacional de Protección de Datos.
b) Representante.
c) Autoridad de control.
d) Autoridad de referencia.

**6. El RGPD lo define como la persona física o jurídica, autoridad pública, servicio u otro organismo que trate datos personales por cuenta del responsable del tratamiento:**

a) El Delegado.
b) El Encargado.
c) El Representante.
d) El Tratante.

**7. Conforme al artículo 3 de la LO 3/2018, las personas vinculadas al fallecido por razones familiares o de hecho así como sus herederos:**

a) No podrán dirigirse al responsable o encargado del tratamiento para solicitar el acceso a los datos personales de aquella, si no es por vía judicial.
b) Sólo podrán dirigirse al encargado del tratamiento, siempre que sea con objeto de rectificar datos manifiestamente falsos.
c) Podrán dirigirse al responsable o encargado del tratamiento siempre que sea con objeto de solicitar la supresión de los datos personales de aquella sin posibilidad de acceder a ellos.
d) Podrán dirigirse al responsable o encargado del tratamiento al objeto de solicitar el acceso a los datos personales de aquella y, en su caso, su rectificación o supresión.

**8. Según el artículo 3 de la LO 3/2018, los requisitos y condiciones para acreditar la validez y vigencia de los mandatos e instrucciones de las personas fallecidas respecto al acceso a los datos personales de éstas por parte de las personas o instituciones que designaran expresamente, serán establecidos:**

a) Por medio de una Directiva europea.
b) Por Ley estatal.
c) Por Ley autonómica.
d) Por Real Decreto.

**9. Conforme al artículo 5.1 de la LO 3/2018, estarán sujetas al deber de confidencialidad:**

a) Únicamente los responsables del tratamiento.
b) Los responsables y encargados del tratamiento.
c) Los responsables y encargados del tratamiento de datos así como todas las personas que intervengan en cualquier fase de este.
d) Los responsables y encargados del tratamiento de datos así como todas las personas que intervengan en todas las fases de este.

**10. Según el artículo 6.2 de la Ley Orgánica 3/2018 de Protección de Datos Personales y garantía de los derechos digitales, cuando se pretenda fundar el tratamiento de los datos en el consentimiento del afectado para una pluralidad de finalidades, será preciso que conste de manera específica e inequívoca que dicho consentimiento se otorga:**

a) Por un periodo de tiempo.
b) Irrevocablemente.
c) Para todas ellas.
d) Por interés público.

**11. Los datos personales serán tratados de tal manera que se garantice una seguridad adecuada de los mismos, incluida la protección contra el tratamiento no autorizado o ilícito y contra su pérdida, destrucción o daño accidental, mediante la aplicación de medidas técnicas u organizativas apropiadas; todo ello en virtud del principio de:**

a) Responsabilidad proactiva.
b) Integridad y confidencialidad.
c) Limitación de la finalidad.
d) Licitud, lealtad y transparencia.

**12. Según el artículo 8.1 de la LO 3/2018, el tratamiento de datos personales solo podrá considerarse fundado en el cumplimiento de una obligación legal exigible al responsable:**

a) Cuando así lo prevea una norma de Derecho de la Unión Europea o una norma con rango de ley.
b) Cuando el tratamiento se considere una misión realizada en interés público.

c) Cuando se trate del ejercicio de poderes públicos conferidos al responsable.
d) Cuando el responsable sea un órgano u organismo público.

**13. Conforme al artículo 9 de la** *LO 3/2018, de 5 de diciembre, de Protección de Datos Personales y garantía de los derechos digitales,* **cuál de los siguientes tratamientos de categorías especiales de datos fundados en el Derecho español deberá estar amparado en una norma con rango de ley:**

a) El interesado dio su consentimiento explícito para el tratamiento de dichos datos personales con uno o más de los fines especificados.
b) El tratamiento es necesario para el cumplimiento de obligaciones y el ejercicio de derechos específicos del responsable del tratamiento o del interesado en el ámbito del Derecho laboral y de la seguridad y protección social.
c) El tratamiento es necesario para proteger intereses vitales del interesado o de otra persona física, en el supuesto de que el interesado no esté capacitado, física o jurídicamente, para dar su consentimiento.
d) El tratamiento es necesario por razones de interés público en el ámbito de la salud pública, como la protección frente a amenazas transfronterizas graves para la salud, o para garantizar elevados niveles de calidad y de seguridad de la asistencia sanitaria y de los medicamentos o productos sanitarios.

**14. Según el artículo 7.1 de la LO 3/2018, el tratamiento de los datos personales de un menor de edad únicamente podrá fundarse en su consentimiento cuando sea mayor de:**

a) 12 años.
b) 13 años.
c) 14 años.
d) 16 años.

**15. Conforme al RGPD, el interesado tendrá derecho a obtener del responsable del tratamiento la limitación del tratamiento de los datos cuando el responsable ya no necesite los datos personales para los fines del tratamiento, pero el interesado los necesite para:**

a) La formulación, el ejercicio o la defensa de reclamaciones.
b) Verificar la exactitud de los mismos
c) Incorporarlos a sus archivos personales.
d) Proceder él mismo a su destrucción.

# Solución al test n.º 14

**1.** c) No podrá ser restringida ni prohibida por motivos relacionados con la protección de las personas físicas en lo que respecta al tratamiento de datos personales.

**2.** d) Principio de minimización de datos.

**3.** d) Transparente.

**4.** c) Deberá existir una declaración del interesado o una acción positiva que manifieste su conformidad.

**5.** c) Autoridad de control.

**6.** b) El Encargado.

**7.** d) Podrán dirigirse al responsable o encargado del tratamiento al objeto de solicitar el acceso a los datos personales de aquella y, en su caso, su rectificación o supresión.

**8.** d) Por Real Decreto.

**9.** c) Los responsables y encargados del tratamiento de datos así como todas las personas que intervengan en cualquier fase de este.

**10.** c) Para todas ellas.

**11.** b) Integridad y confidencialidad.

**12.** a) Cuando así lo prevea una norma de Derecho de la Unión Europea o una norma con rango de ley.

**13.** d) El tratamiento es necesario por razones de interés público en el ámbito de la salud pública, como la protección frente a amenazas transfronterizas graves para la salud, o para garantizar elevados niveles de calidad y de seguridad de la asistencia sanitaria y de los medicamentos o productos sanitarios.

**14.** c) 14 años.

**15.** a) La formulación, el ejercicio o la defensa de reclamaciones.

**La Ley Orgánica 3/2007, de 22 de marzo, para la igualdad efectiva de mujeres y hombres: Objeto y Ámbito de la Ley. El Principio de Igualdad y la Tutela contra la Discriminación. El Principio de Igualdad en el Empleo Público. Igualdad de Trato en el Acceso a Bienes y Servicios y su Suministro. El Plan de Igualdad interno del Ayuntamiento de Parla**

**1.** ¿Qué artículo de la Constitución proclama que los españoles son iguales ante la ley, sin que pueda prevalecer discriminación alguna por razón de nacimiento, raza, sexo, religión, opinión o cualquier otra condición o circunstancia personal o social?

a) Artículo 9.
b) Artículo 11.
c) Artículo 14.
d) Artículo 18.

**2. El objeto y el ámbito de aplicación de la Ley para la Igualdad efectiva entre Mujeres y Hombres, vienen recogidos en su:**

a) Disposición Final Primera.
b) Disposición Adicional Primera.
c) Título Primero.
d) Título Preliminar.

**3. Según su artículo 1, la LO 3/2007 tiene por objeto hacer efectivo el derecho de:**

a) Conciliación de la vida laboral y familiar de mujeres y hombres.
b) Igualdad de trato y de oportunidades entre mujeres y hombres.
c) Participación en los asuntos públicos en igualdad de condiciones.
d) No discriminación por razón de sexo.

**4. Las obligaciones establecidas en la LO 3/2007 son de aplicación a:**

a) A toda persona, física o jurídica, que se encuentre o actúe en territorio español, cualquiera que fuese su nacionalidad, domicilio o residencia.
b) A todos los ciudadanos españoles, ya sea en territorio español o territorio de cualquier país extranjero.
c) A toda persona, física o jurídica, que se encuentre o actúe en territorio español, con nacionalidad española.
d) A toda persona, física o jurídica, que resida en territorio español, cualquiera que fuese su nacionalidad.

**5. Según el artículo 4 de la LO 3/2007, la igualdad de trato y de oportunidades entre mujeres y hombres:**

a) Es un deber de las Administraciones Públicas.
b) Es una fuente formal del Derecho.
c) Es un principio informador del ordenamiento jurídico.
d) Es un objetivo fundamental del procedimiento administrativo.

**6. El principio de igualdad de trato y de oportunidades entre mujeres y hombres:**

a) Sólo se aplica en el ámbito del empleo público.
b) Se garantizará incluso en el acceso al trabajo por cuenta propia.
c) No se aplica en la afiliación y participación en organizaciones sindicales o empresariales.
d) Se garantizará en los términos que prevean los convenios colectivos.

**7. La situación en que se encuentra una persona que sea, haya sido o pudiera ser tratada, en atención a su sexo, de manera menos favorable que otra en situación comparable, se considera:**

a) Discriminación directa.
b) Acoso sexual.
c) Discriminación indirecta.
d) Violencia de género.

**8. Una diferencia de trato basada en una característica relacionada con el sexo ¿constituye discriminación en el acceso al empleo?**

a) Sí, en todo caso.
b) No, siempre que la formación necesaria se base en dicha característica.
c) No, siempre que dicha característica constituya un requisito profesional esencial y determinante.
d) No, si debido a la naturaleza de las actividades profesionales concretas o al contexto en el que se lleven a cabo, dicha característica constituya un requisito profesional esencial y determinante, siempre y cuando el objetivo sea legítimo y el requisito proporcionado.

**9. En virtud del artículo 6.2 de la LO 3/2007, la situación en que una disposición, criterio o práctica aparentemente neutros pone a personas de un sexo en desventaja particular con respecto a personas del otro:**

a) En cualquier caso constituirá discriminación directa.

b) En cualquier caso constituirá discriminación indirecta.

c) No se considera discriminación indirecta si dicha disposición, criterio o práctica pueden justificarse objetivamente en atención a una finalidad legítima y los medios para alcanzar dicha finalidad son necesarios y adecuados.

d) En ningún caso podrá considerarse discriminación.

**10. Conforme al artículo 6.3 de la LO 3/2007, toda orden de discriminar por razón de sexo:**

a) Sólo se considera discriminatoria si se ordena discriminar directamente.

b) En ningún caso se puede considerar discriminatoria.

c) Sólo se considera discriminatoria si ordena una discriminación indirecta.

d) En cualquier caso se considera discriminatoria, sea directa o indirecta.

**11. A los efectos de la LO 3/2007, definimos como acoso sexual:**

a) Cualquier comportamiento realizado en función del sexo de una persona, con el propósito o el efecto de atentar contra su dignidad y de crear un entorno intimidatorio, degradante u ofensivo.

b) La situación en que una disposición, criterio o práctica aparentemente neutros pone a personas de un sexo en desventaja particular con respecto a personas del otro, salvo que dicha disposición, criterio o práctica puedan justificarse objetivamente en atención a una finalidad legítima y que los medios para alcanzar dicha finalidad sean necesarios y adecuados.

c) Todo trato desfavorable a las mujeres relacionado con el embarazo o la maternidad.

d) Cualquier comportamiento, verbal o físico, de naturaleza sexual que tenga el propósito o produzca el efecto de atentar contra la dignidad de una persona, en particular cuando se crea un entorno intimidatorio, degradante u ofensivo.

**12. Según el artículo 8 de la LO 3/2007, todo trato desfavorable a las mujeres relacionado con el embarazo o la maternidad constituye:**

a) Acoso sexual.

b) Acoso por razón de sexo.

c) Discriminación directa por razón de sexo.

d) Discriminación indirecta por razón de sexo.

**13. Cualquier comportamiento realizado en función del sexo de una persona, con el propósito o el efecto de atentar contra su dignidad y de crear un entorno intimidatorio, degradante u ofensivo, constituye:**

a) Discriminación directa.

b) Acoso sexual.

c) Acoso por razón de sexo.
d) Discriminación indirecta.

**14. Conforme al artículo 7.4 de la LO 3/2007, el condicionamiento de un derecho o de una expectativa de derecho a la aceptación de una situación constitutiva de acoso sexual o de acoso por razón de sexo se considerará:**

a) Acto de discriminación por razón de sexo.
b) Creación de un entorno intimidatorio, degradante u ofensivo.
c) Anulable y sin efecto.
d) Indemnizable.

**15. En virtud del artículo 9 de la LO 3/2007, cualquier trato adverso o efecto negativo que se produzca en una persona como consecuencia de la presentación por su parte de queja, reclamación, denuncia, demanda o recurso, de cualquier tipo, destinados a impedir su discriminación y a exigir el cumplimiento efectivo del principio de igualdad de trato entre mujeres y hombres, se considerará:**

a) Discriminación directa.
b) Discriminación por razón de sexo.
c) Injustificado.
d) Acoso sexual.

En MADTEST tienes **más preguntas de este tema**, y todos tus avances quedan registrados y se reflejan en el ranking.

**¡Supera tus límites con MADTEST!**

# Solución al test n.º 15

**1.** c) Artículo 14.

**2.** d) Título Preliminar.

**3.** b) Igualdad de trato y de oportunidades entre mujeres y hombres.

**4.** a) A toda persona, física o jurídica, que se encuentre o actúe en territorio español, cualquiera que fuese su nacionalidad, domicilio o residencia.

**5.** c) Es un principio informador del ordenamiento jurídico.

**6.** b) Se garantizará incluso en el acceso al trabajo por cuenta propia.

**7.** a) Discriminación directa.

**8.** d) No, si debido a la naturaleza de las actividades profesionales concretas o al contexto en el que se lleven a cabo, dicha característica constituya un requisito profesional esencial y determinante, siempre y cuando el objetivo sea legítimo y el requisito proporcionado.

**9.** c) No se considera discriminación indirecta si dicha disposición, criterio o práctica pueden justificarse objetivamente en atención a una finalidad legítima y los medios para alcanzar dicha finalidad son necesarios y adecuados.

**10.** d) En cualquier caso se considera discriminatoria, sea directa o indirecta.

**11.** d) Cualquier comportamiento, verbal o físico, de naturaleza sexual que tenga el propósito o produzca el efecto de atentar contra la dignidad de una persona, en particular cuando se crea un entorno intimidatorio, degradante u ofensivo.

**12.** c) Discriminación directa por razón de sexo.

**13.** c) Acoso por razón de sexo.

**14.** a) Acto de discriminación por razón de sexo.

**15.** b) Discriminación por razón de sexo.

# TEST N.º 16

**Régimen urbanístico de la propiedad del suelo. Contenido del derecho de propiedad del suelo: facultades, deberes y cargas. Instrumentos de Planeamiento general y Planeamiento de desarrollo. Las ordenanzas urbanísticas**

**1. En materia urbanística el marco jurídico estatal se encuentra regulado a través del:**

a) Real Decreto Legislativo 7/2016, de 20 de octubre, por el que se aprueba el texto refundido de la Ley de Suelo.
b) Real Decreto Legislativo 7/2015, de 30 de octubre, por el que se aprueba el texto refundido de la Ley de Suelo.
c) Real Decreto Legislativo 7/2015, de 30 de octubre, por el que se aprueba el texto refundido de la Ley de Suelo y Rehabilitación Urbana.
d) Real Decreto Legislativo 7/2015, de 20 de octubre, por el que se aprueba el texto refundido de la Ley de Suelo y Rehabilitación Urbana.

**2. Respecto a las Comunidades Autónomas, el artículo 148.1.3 de la Constitución Española establece que:**

a) Las Comunidades Autónomas asumirán competencias en materia de Ordenación del territorio, urbanismo y vivienda.
b) Las Comunidades Autónomas podrán asumir competencias en materia de Ordenación del territorio, urbanismo y vivienda.
c) Las Comunidades Autónomas deberán asumir competencias en materia de Ordenación del territorio, urbanismo y vivienda.
d) Las Comunidades Autónomas tendrán competencias en materia de Ordenación del territorio, urbanismo y vivienda.

**3. De acuerdo con el Texto Refundido de la Ley de Suelo y Rehabilitación Urbana el suelo se clasifica en:**

a) Suelo rústico y suelo urbanizado.
b) Suelo rural, suelo urbanizado y suelo urbanizable.
c) Suelo rural y suelo urbanizado.
d) Suelo rural, suelo urbano y suelo urbanizable.

**4. Todo acto de edificación requerirá de:**

a) Acto de conformidad o aprobación que sea preceptivo.
b) Acto de aprobación que sea preceptivo.
c) Autorización administrativa que sea preceptiva.
d) Todas las respuestas son correctas.

**5. Según el Texto Refundido de la Ley de Suelo y Rehabilitación Urbana está en la situación de suelo rural:**

a) Los terrenos con riesgos naturales o tecnológicos.
b) El suelo no preservado por la ordenación territorial y urbanística de su transformación mediante la urbanización.
c) El suelo integrado en una malla urbana.
d) Ninguna respuesta es correcta.

**6. Una de las condiciones que no ha de cumplir el suelo en situación de suelo urbano es:**

a) Estar ocupado por la edificación.
b) Disponer de suelos comerciales.
c) Haber sido urbanizado en ejecución del del planeamiento urbanístico.
d) Que sean solares por ser aptos para la edificación o construcción y estar completamente urbanizados.

**7. El derecho de propiedad del suelo comprende las facultades:**

a) De uso, disfrute, explotación y disposición del mismo.
b) De destrucción.
c) De alcanzar el vuelo pero no el subsuelo.
d) Todas las respuestas son incorrectas.

**8. Dentro de los derechos que integran el suelo no urbanizable de protección se encuentran:**

a) La realización de los actos precisos para la utilización y explotación agrícola, ganadera, lúdico, forestal, cinegética o análoga.
b) La realización de los actos precisos para la utilización y explotación agrícola, ganadera, forestal, cinegética o análoga.
c) La realización de los actos precisos para la utilización y explotación agrícola, ganadera, forestal, educativa, cinegética o análoga
d) La realización de los actos precisos para la utilización y explotación agrícola, especulativa, ganadera, forestal, cinegética o análoga.

**9. La Ley del Suelo de la Comunidad de Madrid clasifica el suelo urbanizable en:**

a) Consolidado y no consolidado.
b) Programado y no programado.

c) Pendiente de urbanización o en proceso de urbanización.

d) Sectorizado y no sectorizado.

**10. En el suelo urbanizable no sectorizado, las facultades del derecho de propiedad no incluyen:**

a) Edificar en los terrenos desde el momento que se adquiera la propiedad y realizar las actuaciones necesarias para mantener la edificación, en todo momento, en un buen estado de conservación.

b) Promover la sectorización de sus terrenos.

c) Solicitar y, en su caso, ejecutar en sus terrenos las obras, construcciones y edificaciones e implantar los usos y las actividades autorizables.

d) Consultar previamente a las Administraciones competentes, sobre la viabilidad de la sectorización y legislación sectorial aplicable.

**11. El derecho de propiedad de los terrenos comprende los deberes siguientes:**

a) Dedicarlos a usos que sean compatibles con la ordenación territorial y urbanística.

b) Realizar las obras adicionales que la Administración ordene por motivos turísticos o culturales.

c) Conservarlos en las condiciones legales de seguridad, salubridad y accesibilidad universal.

d) Ninguna respuesta es correcta.

**12. En relación al deber legal de conservación:**

a) Constituye el límite de las obras que deban ejecutarse a costa de los propietarios.

b) Constituye el límite de las obras que deban ejecutarse a costa de la Administración.

c) Si es superado el coste de las obras lo asumirá los propietarios.

d) Las respuestas b) y c) son correctas.

**13. la Comunidad de Madrid regula la materia urbanística en:**

a) El Reglamento 9/2001, de 16 de julio, del Suelo.

b) La Ley 9/2001, de 17 de julio, del Suelo.

c) La Ley 9/2001, de 19 de julio, del Suelo.

d) La Ley 8/2001, de 20 de julio, del Suelo.

**14. ¿Cuál es el artículo de la Constitución Española que atribuye al Estado el establecimiento de las condiciones básicas que garanticen la igualdad de todos los españoles en el ejercicio de los derechos y en el cumplimiento de los deberes constitucionales?**

a) Artículo 149.

b) Artículo 148.

c) Artículo 146.

d) Artículo 147.

**15. En el suelo urbano los propietarios tendrán los siguientes deberes:**

a) Realizar los deberes de cesión previstas para las actuaciones de dotación.

b) Destinar la edificación a alguno de los usos legitimados por la ordenación urbanística en vigor.

c) Edificar en el solar en las condiciones y, en su caso, plazos establecidos por el planeamiento.

d) Todas las respuestas son correctas.

# Solución al test n.º 16

**1.** c) Real Decreto Legislativo 7/2015, de 30 de octubre, por el que se aprueba el texto refundido de la Ley de Suelo y Rehabilitación Urbana.

**2.** b) Las Comunidades Autónomas podrán asumir competencias en materia de Ordenación del territorio, urbanismo y vivienda.

**3.** c) Suelo rural y suelo urbanizado.

**4.** d) Todas las respuestas son correctas.

**5.** a) Los terrenos con riesgos naturales o tecnológicos.

**6.** b) Disponer de suelos comerciales.

**7.** d) Todas las respuestas son incorrectas.

**8.** b) La realización de los actos precisos para la utilización y explotación agrícola, ganadera, forestal, cinegética o análoga.

**9.** d) Sectorizado y no sectorizado.

**10.** a) Edificar en los terrenos desde el momento que se adquiera la propiedad y realizar las actuaciones necesarias para mantener la edificación, en todo momento, en un buen estado de conservación.

**11.** a) Dedicarlos a usos que sean compatibles con la ordenación territorial y urbanística.

**12.** a) Constituye el límite de las obras que deban ejecutarse a costa de los propietarios.

**13.** b) La Ley 9/2001, de 17 de julio, del Suelo.

**14.** a) Artículo 149.

**15.** d) Todas las respuestas son correctas.

**La Prevención de Riesgos Laborales: Régimen Jurídico. Política en materia de prevención de riesgos para proteger la seguridad y la salud en el trabajo. Derechos y obligaciones. Delegados de Prevención. Comités de Seguridad y Salud**

**1. ¿Qué se entiende por "riesgo laboral"?**

a) La posibilidad de que un trabajador sufra un determinado daño derivado del trabajo.
b) La posibilidad de que un trabajador sufra una enfermedad en el trabajo.
c) La posibilidad de que un trabajador sufra acoso.
d) El riesgo que supone el ir a trabajar.

**2. Indica cuál es la definición de prevención:**

a) La probabilidad racional de que un riesgo se materialice de forma inminente.
b) El estudio de los procesos potencialmente peligrosos para el trabajo.
c) Conjunto de actividades o medidas adoptadas o previstas en todas las fases de actividad de la empresa con el fin de evitar o disminuir los riesgos derivados del trabajo.
d) Posibilidad de que un trabajador sufra un determinado daño derivado del trabajo.

**3. Según establece el art. 4 de la Ley 31/1995, de 8 de noviembre, de Prevención de Riesgos Laborales, se define como daños derivados del trabajo:**

a) La posibilidad de que un trabajador sufra un determinado daño derivado del trabajo.
b) El que resulte probable racionalmente que se materialice en un futuro inmediato y pueda suponer y pueda suponer un daño grave para la salud de los trabajadores.
c) Las enfermedades, patologías o lesiones sufridas con motivo u ocasión del trabajo.
d) Cualquier máquina, aparato, instrumento o instalación utilizada en el trabajo.

**4. Definición de «equipo de protección individual» (Ley 31/95):**

a) Cualquier equipo que permita realizar el trabajo con seguridad y comodidad.
b) Cualquier equipo de uso exclusivo de un trabajador para su protección y que esté homologado.

c) Cualquier equipo destinado a ser llevado o sujetado por el trabajador para que le proteja de uno o varios riesgos que puedan amenazar su seguridad o su salud en el trabajo.

d) Cualquier equipo a disposición del trabajador para que lo proteja de cualquier amenaza para su salud e integridad física.

**5. Señale la respuesta incorrecta:**

a) La Ley de Prevención de Riesgos Laborales se aplica a los operativos de Seguridad civil en casos de catástrofe.

b) La Ley de Prevención de Riesgos Laborales se aplica a las sociedades cooperativas.

c) En el ámbito de la relación laboral de carácter especial del servicio del hogar familiar, las personas trabajadoras tienen derecho a una protección eficaz en materia de seguridad y salud en el trabajo.

d) En los establecimientos penitenciarios, se adaptarán a la Ley de Prevención de Riesgos Laborales aquellas actividades cuyas características justifiquen una regulación especial.

**6. Para calificar un riesgo desde el punto de vista de su gravedad, se valorarán conjuntamente la severidad del daño y:**

a) La probabilidad de que se produzca.

b) La cantidad de trabajadores de la empresa.

c) La existencia o no de equipos individuales de protección.

d) Las condiciones de trabajo.

**7. Los procesos, actividades, operaciones, equipos o productos que, en ausencia de medidas preventivas específicas puedan originar riesgos para la seguridad y la salud de los trabajadores que los desarrollan o los utilizan, ¿cómo se denominan?**

a) Riesgos excesivamente peligrosos.

b) Riesgos potencialmente peligrosos.

c) Riesgos graves e inminentes.

d) Daños derivados del trabajo.

**8. Conforme al artículo 8.3 de la Ley 31/1995, el Instituto Nacional de Seguridad y Salud en el Trabajo actuará en relación con las instituciones de la Unión Europea:**

a) Como centro de referencia nacional.

b) Como órgano controlador de la normativa europea.

c) Como centro interpretativo.

d) Como órgano regulativo.

**9. Las normas reglamentarias en materia de prevención las dicta:**

a) El Gobierno, a través de las correspondientes normas reglamentarias y previa consulta a las organizaciones sindicales y empresariales más representativas.

b) Los Delegados de Prevención.

c) Los Delegados de Prevención y el Empresario.
d) El Empresario.

**10. La función de vigilancia y control de la normativa sobre prevención de riesgos laborales corresponde:**

a) A la Dirección General de Personal y Desarrollo Profesional.
b) A la Delegación Provincial de Trabajo.
c) A la Inspección de Trabajo y Seguridad Social.
d) Al Servicio de Medicina Preventiva.

**11. Entre los principios de la acción preventiva recogidos por el artículo 15 de la Ley de Prevención de Riesgos Laborales, no figura:**

a) Evitar los riesgos.
b) Evaluar los riesgos que se puedan evitar.
c) Tener en cuenta la evolución de la técnica.
d) Dar las debidas instrucciones a los trabajadores.

**12. En el marco de sus responsabilidades, el empresario realizará la prevención de los riesgos laborales mediante la integración en la empresa de:**

a) Los equipos de protección individual.
b) Los Servicios de Prevención propios.
c) La actividad preventiva.
d) La normativa comunitaria.

**13. En relación a la vigilancia de la salud que ha de garantizar el empresario, el acceso a la información médica de carácter personal:**

a) Se limitará al empresario y a los Servicios de Prevención propios.
b) Se limitará al Jefe inmediato del trabajador.
c) Sólo será accesible al propio trabajador.
d) Se limitará al personal médico y a las autoridades sanitarias que lleven a cabo la vigilancia.

**14. Según la Ley de Prevención de Riesgos Laborales, es obligación de los trabajadores en materia de prevención de riesgos:**

a) La protección eficaz en materia de seguridad y salud en el trabajo.
b) Utilizar correctamente los medios y equipos de protección facilitados por el empresario, de acuerdo con las instrucciones recibidas de éste.
c) Soportar el coste de las medidas relativas a la seguridad y la salud en el trabajo.
d) Desarrollar una acción permanente de seguimiento de la actividad preventiva.

**15. En los casos de concurrencia de trabajadores de varias empresas en un centro de trabajo cuando existe un empresario principal, uno de los deberes de vigilancia por parte de éste, consistirá en:**

a) Impulsar la regulación de esquemas organizativos, que eviten los accidentes de trabajo.

b) Comprobar que las empresas contratistas y subcontratistas concurrentes en su centro de trabajo han establecido los necesarios medios de coordinación entre ellas.

c) Asegurar la correcta utilización por parte de los trabajadores de las empresas concurrentes de los correspondientes dispositivos de seguridad disponibles.

d) Asegurarse de que los trabajadores concurrentes disponen de la formación preventiva correspondiente.

---

En MADTEST tienes **más preguntas de este tema**, y todos tus avances quedan registrados y se reflejan en el ranking.

**¡Supera tus límites con MADTEST!**

# Solución al test n.º 17

**1.** a) La posibilidad de que un trabajador sufra un determinado daño derivado del trabajo.

**2.** c) Conjunto de actividades o medidas adoptadas o previstas en todas las fases de actividad de la empresa con el fin de evitar o disminuir los riesgos derivados del trabajo.

**3.** c) Las enfermedades, patologías o lesiones sufridas con motivo u ocasión del trabajo.

**4.** c) Cualquier equipo destinado a ser llevado o sujetado por el trabajador para que le proteja de uno o varios riesgos que puedan amenazar su seguridad o su salud en el trabajo.

**5.** a) La Ley de Prevención de Riesgos Laborales se aplica a los operativos de Seguridad civil en casos de catástrofe.

**6.** a) La probabilidad de que se produzca.

**7.** b) Riesgos potencialmente peligrosos.

**8.** a) Como centro de referencia nacional.

**9.** a) El Gobierno, a través de las correspondientes normas reglamentarias y previa consulta a las organizaciones sindicales y empresariales más representativas.

**10.** c) A la Inspección de Trabajo y Seguridad Social.

**11.** b) Evaluar los riesgos que se puedan evitar.

**12.** c) La actividad preventiva.

**13.** d) Se limitará al personal médico y a las autoridades sanitarias que lleven a cabo la vigilancia.

**14.** b) Utilizar correctamente los medios y equipos de protección facilitados por el empresario, de acuerdo con las instrucciones recibidas de éste.

**15.** b) Comprobar que las empresas contratistas y subcontratistas concurrentes en su centro de trabajo han establecido los necesarios medios de coordinación entre ellas.

## Acuerdo de materias y condiciones de trabajo comunes del personal funcionario y laboral del Ayuntamiento de Parla

**1. ¿Qué establece el Estatuto Básico del Empleado Público respecto a la negociación colectiva?**

a) Que solo aplica al personal funcionario.
b) Que regula condiciones comunes para funcionarios y laborales mediante Mesa General de Negociación.
c) Que la negociación debe hacerse individualmente por trabajador.
d) Que solo afecta al personal laboral.

**2. ¿Cuál fue la finalidad primordial del Acuerdo negociado en el Ayuntamiento de Parla?**

a) Incrementar los salarios.
b) Mejorar la calidad de los servicios públicos.
c) Reducir la plantilla.
d) Disminuir la carga sindical.

**3. ¿Qué colectivos están incluidos en el ámbito personal del Acuerdo?**

a) Personal eventual.
b) Personal directivo.
c) Funcionarios de carrera, interinos y personal laboral.
d) Miembros de la Corporación Local.

**4. ¿Qué personal queda excluido del Acuerdo?**

a) Funcionarios en prácticas.
b) Personal eventual.
c) Personal laboral fijo.
d) Personal temporal por subvenciones.

**5. ¿Cuál es la duración inicial del Acuerdo?**

a) 1 año.
b) 2 años.
c) 3 años.
d) 5 años.

**6. ¿Qué ocurre si ninguna parte denuncia el Acuerdo al final de su vigencia?**

a) Se extingue automáticamente.
b) Debe renegociarse de inmediato.
c) Se prorroga año tras año.
d) Pierde eficacia parcial.

**7. ¿Qué plazo hay para denunciar el Acuerdo antes de su finalización?**

a) Entre 1 y 2 meses.
b) Entre 3 y 6 meses.
c) Entre 6 y 12 meses.
d) Entre 15 y 30 días.

**8. ¿Qué principio garantiza el Acuerdo en materia de igualdad?**

a) Exclusividad de contrato indefinido.
b) Prioridad de funcionarios sobre laborales.
c) Igualdad de trato y no discriminación.
d) Preferencia por contratos temporales.

**9. ¿En qué plazo debe constituirse la Comisión de Seguimiento del Acuerdo (CSA)?**

a) 15 días.
b) 30 días.
c) 60 días.
d) 90 días.

**10. ¿Con qué frecuencia se deben celebrar reuniones ordinarias de la CSA?**

a) Cada 3 meses.
b) Cada 2 meses.
c) Cada mes.
d) Una vez al año.

**11. ¿Quién ostenta la presidencia de la Comisión de Seguimiento del Acuerdo?**

a) Un representante sindical.
b) La secretaria del ayuntamiento.

c) El alcalde.
d) La persona con competencias en personal.

## 12. ¿Qué órgano puede proponer la creación de mesas de trabajo específicas?

a) CSA.
b) Junta de Personal.
c) Comité de Empresa.
d) Mesa General de Negociación.

## 13. ¿Qué principio no inspira la organización del trabajo?

a) Igualdad, mérito y capacidad.
b) Transparencia.
c) Preferencia por empleo temporal.
d) Conciliación de vida laboral y familiar.

## 14. ¿Cuál es el instrumento clave para ordenar los puestos de trabajo?

a) La Relación de Puestos de Trabajo (RPT).
b) El Plan de Formación.
c) El convenio colectivo estatal.
d) La CSA.

## 15. ¿Qué se garantiza en los procesos de reorganización administrativa?

a) Cambios salariales obligatorios.
b) Despido del personal afectado.
c) Respeto al grupo profesional y salario base.
d) Supresión de derechos sindicales.

En MADTEST tienes **más preguntas de este tema**, y todos tus
avances quedan registrados y se reflejan en el ranking.

**¡Supera tus límites con MADTEST!**

# Solución al test n.º 18

**1.** b) Que regula condiciones comunes para funcionarios y laborales mediante Mesa General de Negociación.

**2.** b) Mejorar la calidad de los servicios públicos.

**3.** c) Funcionarios de carrera, interinos y personal laboral.

**4.** b) Personal eventual.

**5.** b) 2 años.

**6.** c) Se prorroga año tras año.

**7.** b) Entre 3 y 6 meses.

**8.** c) Igualdad de trato y no discriminación.

**9.** b) 30 días.

**10.** a) Cada 3 meses.

**11.** d) La persona con competencias en personal.

**12.** d) Mesa General de Negociación.

**13.** c) Preferencia por empleo temporal.

**14.** a) La Relación de Puestos de Trabajo (RPT).

**15.** c) Respeto al grupo profesional y salario base.

# TEST N.º 19

## Reglamentos Municipales del Ayuntamiento de Parla: Reglamento Orgánico del Pleno y las Comisiones del Ayuntamiento y Reglamento Orgánico de Gobierno y Administración del Ayuntamiento

**1. ¿Qué órgano constituye la máxima representación política de la ciudadanía en el Ayuntamiento de Parla?**

a) La Junta de Gobierno Local.
b) El Pleno.
c) La Secretaría General.
d) El Alcalde.

**2. ¿En qué fecha se aprobó definitivamente el Reglamento Orgánico del Pleno y las Comisiones?**

a) 02/06/2010.
b) 15/05/2017.
c) 13/09/2018.
d) 01/01/2019.

**3. ¿Quién convoca y preside las sesiones del Pleno?**

a) El Alcalde/sa .
b) El Secretario/a General.
c) El Interventor/a General.
d) El Grupo Mayoritario.

**4. ¿Cuál es el quórum mínimo en segunda convocatoria de un Pleno?**

a) La mitad más uno de los miembros.
b) Dos tercios de los miembros.
c) Un tercio de los miembros, incluido el Presidente/a.
d) Todos los portavoces de grupos políticos.

**5. ¿Qué periodicidad mínima tienen las sesiones ordinarias del Pleno?**

a) Semanal.
b) Quincenal.
c) Mensual.
d) Trimestral.

**6. ¿Quién notifica las convocatorias del Pleno a los concejales?**

a) El Interventor/a General.
b) El Alcalde/sa.
c) El Grupo Mayoritario.
d) El Secretario/a General del Pleno.

**7. ¿Cuál es el plazo de antelación para notificar una convocatoria ordinaria del Pleno?**

a) 1 día hábil.
b) 2 días hábiles.
c) 3 días hábiles.
d) 5 días hábiles.

**8. ¿Qué ocurre si el Alcalde no convoca un Pleno extraordinario solicitado por 1/4 de los concejales?**

a) Se considera nula la solicitud.
b) Se remite al Gobierno autonómico.
c) Se pospone a la siguiente sesión ordinaria.
d) Se convoca automáticamente por el Secretario/a General.

**9. ¿Con qué antelación mínima debe dictar el Alcalde el Decreto de convocatoria del Pleno?**

a) 1 día hábil.
b) 2 días hábiles.
c) 3 días hábiles.
d) 7 días hábiles.

**10. ¿Qué carácter tienen, con carácter general, las sesiones del Pleno?**

a) Privadas.
b) Secretas.
c) Públicas.
d) Reservadas a medios acreditados.

### 11. ¿Cuál es el tiempo máximo de duración de una sesión plenaria?

a) 5 horas.
b) 4 horas.
c) 8 horas.
d) 6 horas.

### 12. ¿Qué debe ser el primer punto del orden del día en un Pleno extraordinario urgente?

a) Ruegos y preguntas.
b) Ratificación de su urgencia.
c) Aprobación del acta anterior.
d) Informe del Interventor.

### 13. ¿Qué órgano fija el orden del día de las sesiones del Pleno?

a) El Alcalde/sa.
b) El Pleno.
c) El Secretario/a General.
d) La Junta de Gobierno Local.

### 14. ¿Cuántas mociones puede presentar como máximo un grupo municipal por sesión?

a) 1.
b) 2.
c) 3.
d) 5.

### 15. ¿Qué documento sustituye al acta en caso de que no haya quórum suficiente para celebrar la sesión?

a) Informe de Secretaría.
b) Diligencia del Secretario/a General.
c) Certificación del Alcalde.
d) Resolución del Pleno.

# Solución al test n.º 19

**1.** b) El Pleno.

**2.** c) 13/09/2018.

**3.** a) El Alcalde/sa .

**4.** c) Un tercio de los miembros, incluido el Presidente/a.

**5.** c) Mensual.

**6.** d) El Secretario/a General del Pleno.

**7.** b) 2 días hábiles.

**8.** d) Se convoca automáticamente por el Secretario/a General.

**9.** c) 3 días hábiles.

**10.** c) Públicas.

**11.** d) 6 horas.

**12.** b) Ratificación de su urgencia.

**13.** a) El Alcalde/sa.

**14.** c) 3.

**15.** b) Diligencia del Secretario/a General.

**Ordenanzas municipales del Ayuntamiento de Parla: Ordenanza de administración electrónica. Ordenanza General de subvenciones. Ordenanza de Transparencia, Acceso a la Información y Reutilización de la Información Pública. Ordenanza Reguladora de la Autorización y Cesión de Uso de Espacios y Locales de Titularidad Municipal. Ordenanza Fiscal Tasa Expedición Documentos Administrativos**

**1. ¿Qué reconoce la Constitución Española en sus artículos 137 y 140?**

a) El derecho a la educación pública.
b) La autonomía de las comunidades autónomas.
c) La potestad reglamentaria de los Ayuntamientos.
d) La financiación de las entidades locales.

**2. ¿Cuál es el objetivo principal de las ordenanzas municipales?**

a) Recaudar impuestos.
b) Regular materias de interés local.
c) Controlar el gasto público.
d) Gestionar las elecciones municipales

**3. ¿Qué ordenanza impulsa la transformación digital del Ayuntamiento de Parla?**

a) Ordenanza General de Subvenciones.
b) Ordenanza de Transparencia.
c) Ordenanza de Administración Electrónica.
d) Ordenanza Fiscal.

**4. ¿Qué fecha corresponde a la aprobación inicial en Pleno de la Ordenanza de Administración Electrónica?**

a) 6 de septiembre de 2012.
b) 18 de septiembre de 2012.
c) 10 de marzo de 2016.
d) 28 de diciembre de 2004.

**5. ¿Qué sistema integral ha desarrollado el Ayuntamiento de Parla para la gestión electrónica?**

a) Parla Abierta.
b) Parla Transparente.
c) Parla Conectada.
d) Parla Digital.

**6. ¿Qué título de la Ordenanza de Administración Electrónica regula la Carpeta Ciudadana?**

a) Título I.
b) Título II.
c) Título V.
d) Título VI.

**7. ¿Cuál de los siguientes principios NO está incluido en la Ordenanza de Administración Electrónica?**

a) Neutralidad tecnológica.
b) Simplificación administrativa.
c) Exclusividad de medios.
d) Seguridad jurídica.

**8. ¿Qué derecho garantiza que el ciudadano no tenga que aportar información ya disponible en el Ayuntamiento?**

a) Derecho de no repetición.
b) Derecho de interoperabilidad.
c) Derecho de acceso.
d) Derecho de autenticación.

**9. ¿Qué órgano es responsable de coordinar la implementación de medios electrónicos?**

a) El Pleno Municipal.
b) La Junta de Gobierno Local.
c) El órgano competente en materia tecnológica.
d) La Secretaría General.

**10. ¿Cuál es el objetivo principal de la Ordenanza de Transparencia del Ayuntamiento de Parla?**

a) Mejorar la eficiencia administrativa.
b) Garantizar el acceso a la información pública.
c) Promover la participación electoral.
d) Regular la contratación pública.

**11. ¿Qué principio rige la publicación de información en la Ordenanza de Transparencia?**

a) Confidencialidad.
b) Proporcionalidad.
c) Publicidad activa.
d) Exclusividad.

**12. ¿Qué órgano supervisa el cumplimiento de la Ordenanza de Transparencia?**

a) El Consejo de Transparencia.
b) La Junta de Gobierno.
c) El Pleno.
d) El Defensor del Pueblo.

**13. ¿Qué tipo de información debe publicarse obligatoriamente según la ordenanza?**

a) Datos personales.
b) Información presupuestaria.
c) Documentos judiciales.
d) Correspondencia interna.

**14. ¿Qué herramienta facilita el acceso ciudadano a la información pública?**

a) Registro Civil.
b) Portal de Transparencia.
c) Carpeta Ciudadana.
d) Sede Electrónica.

**15. ¿Qué regula la Ordenanza General de Subvenciones?**

a) La concesión de ayudas económicas.
b) La contratación pública.
c) El acceso a la función pública.
d) La fiscalidad local.

En MADTEST tienes **más preguntas de este tema**, y todos tus avances quedan registrados y se reflejan en el ranking.

**¡Supera tus límites con MADTEST!**

# Solución al test n.º 20

**1.** c) La potestad reglamentaria de los Ayuntamientos.

**2.** b) Regular materias de interés local.

**3.** c) Ordenanza de Administración Electrónica.

**4.** b) 18 de septiembre de 2012.

**5.** d) Parla Digital.

**6.** d) Título VI.

**7.** c) Exclusividad de medios.

**8.** a) Derecho de no repetición.

**9.** c) El órgano competente en materia tecnológica.

**10.** b) Garantizar el acceso a la información pública.

**11.** c) Publicidad activa.

**12.** a) El Consejo de Transparencia.

**13.** b) Información presupuestaria.

**14.** b) Portal de Transparencia.

**15.** a) La concesión de ayudas económicas.